ro
ro
ro

JULIUS TRÖGER wurde 1983 in Balingen, Baden-Württemberg, geboren. Er entdeckte schon früh seine Leidenschaft fürs Schreiben und belieferte seine Nachbarn im Alter von zehn Jahren mit seiner eigenen Zeitschrift «Unaufhaltsam Unterhaltsam».
Seit 2018 arbeitet er als Redakteur bei Zeit Online. Davor war er zehn Jahre für die Berliner Morgenpost tätig. 2014 wurde er für seine Datenjournalismus-Projekte zum Journalisten des Jahres gewählt und gewann unter anderem einen Grimme Online Award und den Nannenpreis.

JULIUS TRÖGER

1000 Kilometer Deutschland

DATEN, FAKTEN, GEGENSÄTZE

auf der längsten Bahnstrecke

Grafiken von Ole Häntzschel

ROWOHLT TASCHENBUCH VERLAG

Für Albina und Leo

Veröffentlicht im Rowohlt Taschenbuch Verlag, Reinbek bei Hamburg, Juli 2018 • Lektorat Christian Wöllecke • Umschlaggestaltung ZERO Media GmbH, München • Umschlagabbildung und Grafiken im Innenteil Ole Häntzschel, Berlin • Buchgestaltung Anja Sicka, Hamburg • Satz aus der Novel Pro bei Dörlemann Satz, Lemförde • Druck und Bindung CPI books GmbH, Leck, Germany • ISBN 978 3 499 63346 1

INHALT

Eine Fahrt ins unbekannte Deutschland

Bahnreisende, Touristen und Pendler schauen aus dem Fenster, Kinder drücken sich an den Scheiben die Nasen platt. Draußen ziehen Städte, Dörfer, Felder, Wiesen, Flüsse, Brücken und Bahnhöfe in rasender Geschwindigkeit vorbei. Landschaften verändern sich, mal blickt man in die Weite, mal wird es hügelig, Täler öffnen sich. Für eine Sekunde blitzt hier und da ein Dorf oder ein einzelnes Haus auf, eine Momentaufnahme einer Lebenssituation, die man nicht kennt.

Unterwegs mit dem ICE auf der Linie 11 – das heißt nicht nur Spitzengeschwindigkeiten von 280 Stundenkilometern, sondern auch, auf der längsten ICE-Direktverbindung innerhalb Deutschlands zu fahren: Berlin–Frankfurt am Main–München. Das sind etwa 1000 Kilometer durch die Republik – und damit auch eine Reise durch das soziale Universum des Landes.

Der Blick aus dem Fenster offenbart grobe Umrisse, aber wenige Details. Was sich unseren Blicken dabei völlig entzieht, ist die gesellschaftliche Vielfalt außerhalb der Zugabteile. Was kann man über die Regionen und ihre Bewohner erfahren, an denen der Zug so schnell vorbeirauscht? Welche Daten gibt es, und was sagen sie über Land und Leute entlang der Strecke? Wo regnet es am meisten? Wie verteilen sich Einkommen und Internetgeschwindigkeit? Wer zahlt die höchsten Mietpreise? Wie heißen die Anwohner der Strecke? Wen wählen sie? Welche Autos fahren sie?

Die Themen in diesem Buch sind bunt gemischt. Einige Statistiken überraschen, andere bestätigen gerade die Klischees. Jede Region hat ihre Eigenheiten – politisch, kulturell, kulinarisch –, und das schlägt sich auch in den Daten nieder. Ausgewählt habe ich Statistiken, die besonders starke regionale Muster zeigen. In Karten und Grafiken aufbereitet, vermitteln sie auf dieser Bahnfahrt einen interessanten Querschnitt.

Daten erheben, auswerten und kontrastieren: Die Linie 11 eignet sich besonders gut für dieses Vorhaben, denn sie durchkreuzt acht von 16 Bundesländern: Sie führt von der Hauptstadt über die neuen Bundesländer durch Hessen über die Schwäbische Alb bis in die bayerische Landeshauptstadt. Mit 37 Land- und Stadtkreisen sowie 158 Gemeinden, davon zehn Großstädte, deckt sie so viele unterschiedliche Regionen wie keine andere Strecke ab. Deshalb präsentiert sich Deutschland hier besonders deutlich in seinen Gegensätzen. So macht die Bahnfahrt auch mehr als ein Vierteljahrhundert nach der Wiedervereinigung statistische Unterschiede zwischen den alten und neuen Bundesländern sichtbar. Sie offenbart auch deutliche Nord-Süd-Gegensätze sowie das Stadt-Land-Gefälle.

Als Vorbild dient diesem Buch das Datenjournalismus-Projekt «M29 – Berlins Buslinie der großen Unterschiede». Gemeinsam mit meinem Team bei der Berliner Morgenpost zeigte ich 2015 entlang der Busroute 29, die von Grunewald bis Neukölln fährt, komplett umgekehrte Verhältnisse vom einen zum anderen Ende der Hauptstadt. Dieses Verfahren habe ich nun auf die Bahn übertragen.

DIE ICE-LINIE 11

Haltestellen und Streckenverlauf

Der ewige Student – oder: Wie viel Wahrheit steckt in Daten?

Die Daten für dieses Buch stammen häufig von Behörden und Unternehmen, die konkreten Quellen sind zum Beispiel das Bundesamt für Statistik, der Deutsche Wetterdienst, das Telefonbuch oder das Patentamt. Manche Daten konnte ich kostenlos im Netz herunterladen. Andere wurden mir auf Anfrage zur Verfügung gestellt. Manchmal brauchte es einen Umweg, und ich musste eine eigene Software programmieren, um die großen Datenmengen aus den öffentlichen Quellen zusammenzutragen.

Diese Zahlen lassen sich interpretieren – allerdings gibt es auch Grenzen, die einzelne Datenbestände kennzeichnen. Ein gutes Beispiel sind etwa Austauschstudenten: Viele melden sich hier an, aber sie geben dem Einwohnermeldeamt nicht Bescheid, wenn sie Deutschland wieder verlassen. Das führt zu Karteileichen. Die Genauigkeit von Daten leidet auch in einem anderen Fall. Manche werden aus Stichproben hochgerechnet – wie zum Beispiel Daten des Zensus. Es handelt sich bei den Daten also um Schätzungen – immerhin um sehr genaue. Aus Gründen wie diesen wird bei allen Datensätzen transparent beschrieben, woher sie stammen – und welche Grenzen es bei der Datenanalyse gab.

Natürlich kann man Daten ganz unterschiedlich auslegen. Darum habe ich immer wieder Experten um ihre Einschätzung und Meinung zu den Ergebnissen gebeten. So werden viele Erkenntnisse, wenn möglich, auch jeweils kurz interpretiert und eingeordnet.

Am Anfang von allem stand aber die Bahnfahrt selbst.

Die ICE-Linie 11 gibt es bereits seit vielen Jahren. Seit einer Fahrplanumstellung im Dezember 2017 führt sie jedoch über Erfurt statt über Kassel. Als einer der Ersten bin ich die neue Strecke gefahren und habe erlebt, wie sich Land und Leute verändern – und ganz nebenbei einige teils kuriose Fakten über die Bahn selbst gelernt.

Viel Spaß auf der Bahnfahrt der großen Unterschiede.

Berlin, im Juni 2018

Julius Tröger

Kilometer 0

Berlin Hbf., ab 9:28 Uhr

Der große Berlin-München-Vergleich

Auf die Minute pünktlich fährt der Intercity Express 597 los. Bis München hat er jetzt knapp 1000 Kilometer vor sich. Ich sitze im Wagen 3, zweite Klasse, und werde die nächsten acht Stunden mit meinen Mitreisenden auf 36,9 Quadratmetern verbringen. 47 Sitzplätze gibt es, theoretisch könnten sich aber 94 Leute in unseren Großraum quetschen. Erst wenn mehr als doppelt so viele Passagiere wie Sitzplätze an Bord sind, darf ein ICE nicht mehr fahren. Doch an diesem Morgen ist nicht viel los. Gerade einmal 19 Sitze sind belegt. Das entspricht so ziemlich der durchschnittlichen Auslastung, die Fernverkehrszüge der Bahn sind normalerweise zur Hälfte ausgelastet. Mit mir sitzen zehn Männer und neun Frauen im Waggon. Der Frauenanteil liegt also bei 47,4 Prozent und damit nahe am Bundesdurchschnitt (50,7 Prozent).

Die Reservierungsanzeigen verraten mir, wohin meine Mitreisenden unterwegs sind. Fünfmal Berlin–Stuttgart, zweimal Berlin–Frankfurt am Main, einmal Berlin–München. Zumindest den Reservierungen nach fahre also nur ich die ganze Strecke. Dass gleich fünf Reisende nach Stuttgart wollen, deckt sich mit meiner Erfahrung. Denn insbesondere für die Schwaben ist die Linie 11 eine der schnellsten Verbindungen in die Heimat. Vor allem über die Weihnachtsfeiertage sind diese Züge sehr gefragt und im Gegensatz zu heute proppenvoll. Dann reisen die Wahl-Berliner in ihre Heimatorte und hinterlassen ein gefühlt leeres Berlin.

Wie gesagt, von starkem Reiseverkehr ist heute wenig zu spüren. Die meisten Geschäftsleute und Pendler waren vielleicht schon mit den früheren Zügen unterwegs. Außerdem ist es mitten in der Woche, und Weihnachten steht auch noch nicht unmittelbar vor der Tür. Aber die großen Menschenströme rund um die Feiertage sorgen mitunter für das Vorurteil, Berlin sei die Hochburg der Zugezogenen. Vor allem die Neu-Berliner aus Süddeutschland werden seit einiger Zeit für die Gentrifizierung von Innenstadtvierteln verantwortlich gemacht. Das ist nur eines von vielen Berlin-Klischees, die sich durchaus statistisch prüfen lassen. Im Vergleich mit dem Endziel der Bahnfahrt, München, bietet der Datencheck die eine oder andere Überraschung.

Zwar sind gebürtige Berliner tatsächlich eine Minderheit, denn jeder zweite (53 Prozent) ist nicht in der Stadt geboren. In München liegt der Zugezogenenanteil allerdings weitaus höher: Dort sind sogar zwei von drei Einwohnern (67,6 Prozent) keine «echten» Münchner.

Auch mit dem Titel «Multikulti-Hauptstadt» kann sich eigentlich nur München schmücken – und nicht wie allgemein angenommen Berlin. Jeder Vierte (25,2 Prozent) in München hat keinen deutschen Pass. In Berlin sind es lediglich 15,5 Prozent. Dieser vergleichsweise niedrige Ausländeranteil erklärt sich durch die nach wie vor großen Unterschiede zwischen

BERLIN – MÜNCHEN
im Vergleich

Zugezogene
in Prozent

BERLIN 53,0
MÜNCHEN 67,6

Ausländeranteil
in Prozent

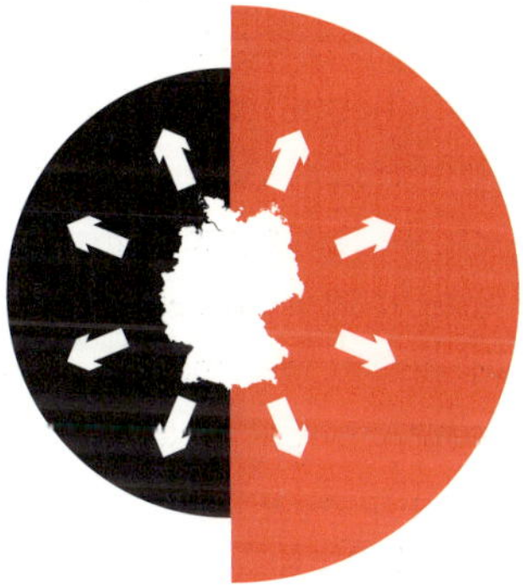

BERLIN 15,5
MÜNCHEN 25,2

Alter
in Jahren

BERLIN 42,7
MÜNCHEN 41,7

Internationale Touristen
in Prozent

BERLIN 45,1
MÜNCHEN 49,6

Westberlin (21 Prozent) mit Ortsteilen wie Kreuzberg, Wedding und Neukölln und Ostberlin mit einem Anteil von gerade einmal elf Prozent. Die Abschottung der DDR und die Einwanderungspolitik der Bundesrepublik wirken in beiden Teilen der Stadt unterschiedlich nach.

Nicht nur von Billigfliegern wird Berlin gern als «junge» Stadt beworben. Zwar liegt die Hauptstadt mit einem Durchschnittsalter von 42,7 Jahren unter dem Deutschland-Durchschnitt (44,2 Jahre). Münchner sind im Vergleich aber ein Jahr jünger (41,7 Jahre). Junge Berliner trifft man vor allem in Berlins innerstädtischen Szenebezirken wie Friedrichshain-Kreuzberg und Mitte. Randbezirke wie Steglitz-Zehlendorf lassen den Durchschnittsberliner älter aussehen. Das Münchner Statistikamt begründet den niedrigen Altersdurchschnitt mit der großen Anzahl junger Zugezogener aus dem Ausland.

In Berliner Szenekiezen wird gefühlt in jedem zweiten Café nur englisch gesprochen, dauernd hört man das Rasseln der Rollkoffer, wenn die Easyjetter in ihren Hotels ein- oder auschecken. Trotzdem zeigt die Statistik, dass Berlin nicht Spitzenreiter beim Anteil internationaler Touristen ist. Der liegt zwar immerhin bei 45,1 Prozent, doch München hat knapp die Nase vorn, fast jeder zweite Übernachtungsgast kommt nicht aus Deutschland (49,6 Prozent). Zwar meldet Berlin immer neue Tourismusrekorde, doch der Besucheranteil aus Deutschland überwiegt – laut Tourismusbehörde etwa durch Abgeordnetenreisen und Klassenfahrten. München sieht vor allem das Oktoberfest und das Umland der Stadt als Magnet für Auslandstouristen. Das ganze Jahr über sind sie auf dem Marienplatz, beim Glockenspiel am Rathaus oder in der Kaufingerstraße anzutreffen. Andere Vorurteile über Berlin und München bestätigen sich jedoch. Arm, aber sexy? Zumindest Ersteres lässt sich anhand der hohen Arbeitslosigkeit und der geringen Einkommen statistisch belegen. Die Arbeitslosenquote halbiert sich auf dem Weg von Berlin (9,8 Prozent) nach München (4,6 Prozent). Und während Berliner im Monat mit durchschnittlich 1591 Euro auskommen müssen, ist das monatlich verfügbare Einkommen in München mit 2263 Euro am höchsten in ganz Deutschland (Bundesweit: 1799 Euro). Außerdem ist Berlin die einzige europäische Hauptstadt, die das Bruttoinlandsprodukt des ganzen Landes nach unten zieht. Die Republik stünde also rein finanziell besser da, würde man Berlin in der Gesamtrechnung überhaupt nicht berücksichtigen. Allerdings ist Geld bekanntlich nicht alles, und außerdem gäbe es im Rest von Deutschland dann auch viel weniger zu lästern.

Während sich die Arbeitslosenquote auf dem Weg nach München halbiert, verdreifacht sich die Anzahl der Millionäre. Mehr als 17 000 Einkommensmillionäre leben laut den neuesten verfügbaren Zahlen aus dem Jahr 2013 insgesamt in Deutschland, das entspricht 0,2 pro 1000 Einwohner. Mit 1,7 je 1000 Einwohner (590 insgesamt) sind es in Berlin zwar überdurchschnittlich viele, aber in München kommen sogar 6,2 Einkommensmillionäre auf 1000 Einwohner (879 insgesamt). Die Relation zur Gesamtbevölkerung ist entscheidend. Würden nur absolute Zahlen miteinander verglichen, wären die meisten Werte einfach dort hoch, wo viele Menschen leben.

Arbeitslose auf der einen Seite, Superreiche auf der anderen. Das kann zu Protesten führen. In Berlin wird der

BERLIN – MÜNCHEN
im Vergleich

Arbeitslose
in Prozent

BERLIN	MÜNCHEN
9,8	4,6

Demonstrationen
pro 1000 Einwohner

BERLIN	MÜNCHEN
13,9	10,5

Hunde
pro 1000 Einwohner

BERLIN	MÜNCHEN
29	24

Millionäre
pro 1000 Einwohner

BERLIN	MÜNCHEN
1,7	6,2

politische Diskurs ganz besonders häufig auf die Straße getragen. 13,9 Demonstrationen pro 1000 Einwohner (4886 insgesamt) zählte die Polizei dort im Jahr 2016. In München gab es im gleichen Zeitraum lediglich 10,5 Proteste pro 1000 Einwohner (1522). Wer in Berlin demonstriert, verschafft sich im politischen Machtzentrum des Landes eher Gehör bei den Politikern als in München. Das zieht natürlich auch viele Protestler von außerhalb in die Stadt.

Wer in der Hauptstadt regelmäßig seine Meinung auf der Straße kundtut, weiß aber auch, dass er den Blick immer mal wieder nach unten richten muss. Oft wird ja gesagt, Berlin sei so dreckig und München so sauber. Stimmt das? Mit jährlich 24 000 Kubikmetern illegal abgelagertem Sperrmüll stolpert man leicht über den alten Röhrenmonitor des Nachbarn oder ein ausgeleiertes WG-Sofa. Leider gibt es keine Vergleichszahlen aus München – dort misst man den illegalen Sperrmüll in einer anderen Einheit. 150 Tonnen müssen dort jährlich entfernt werden. Einigermaßen vergleichbar ist aber die Zahl der Hundehaufen auf den Straßen, Gehwegen und in den Parks. Mit 29 gemeldeten Hunden auf 1000 Einwohner (104 757) kommen in Berlin wohl deutlich mehr Haufen zustande als in München mit 24 gemeldeten Vierbeinern pro 1000 Einwohner (insgesamt 34 346). Eine Erkenntnis, die wenig hilfreich ist, wenn man gerade in einen stinkenden Haufen getreten ist...

Klischees, Hundehaufen, Millionäre hin und her – die jeweiligen Eigenheiten beider Städte ziehen die Einwohner offenbar gegenseitig an: 14 027 gebürtige Münchner leben derzeit in Berlin. Und 17 196 waschechte Berliner haben Berghain und Bulette gegen Biergarten und Bussi-Gesellschaft eingetauscht.

Kilometer 7
Berlin Südkreuz, ab 9:36 Uhr

Mietexplosion in der Großstadt

Der Zug fährt die ersten Minuten im Untergrund, unter dem Regierungsviertel, dem Tiergarten und dem Potsdamer Platz hindurch. Noch sitzen nicht alle. Fragend blickt eine Frau abwechselnd auf das Blatt in ihrer Hand und auf die Sitzplatznummern. Sie hat sich offenbar verlaufen. Kein Wunder. Wir fahren in falscher Wagenreihung – ein allzu bekanntes Problem für regelmäßige Bahnfahrer. Wird die Änderung dann erst bei Einfahrt des Zuges angesagt, beginnt auf dem Bahnsteig ein hektisches Hin und Her. Unser Zug kam am Vortag bereits falsch herum aus München im Bahnwerk an und wurde in der Nacht nicht gedreht.

Während die Frau auf der Suche nach ihrem Platz weiterzieht, wird es hell im Waggon. Auf den ersten Blick fallen die vielen Kräne und Baugerüste auf. Überall wird neu gebaut und saniert, Berlin boomt – und das bringt große Veränderungen für die Stadt mit sich.

Allein in den vier Jahren von 2011 bis 2015 wuchs die Stadt um mehr als 194000 Neu-Berliner. Das bedeutet einen Bevölkerungszuwachs von 5,8 Prozent. Im Vergleich dazu: Deutschland wuchs im selben Zeitraum nur halb so stark (2,3 Prozent). Das höchste Bevölkerungswachstum der Republik kann übrigens Leipzig mit 9,9 Prozent vorweisen.

Die Nachfrage nach Wohnraum steigt in Berlin viel schneller als das Angebot. Natürlich zieht eine solche Situation viele Investoren an, in der Folge steigen die Miet- und Kaufpreise – in den vergangenen fünf Jahren allein um jeweils rund 25 Prozent. Wer in Berlin eine Wohnung sucht, muss sich auf endlose Besichtigungen mit Dutzenden Mitbewerbern einstellen.

Mitte der 90er Jahre war dieser Trend noch nicht abzusehen. In dieser Zeit kehrten mehr Menschen der Stadt den Rücken zu, als neue kamen. Viele Westberliner konnten erst nach dem Fall der Mauer ins Grüne nach Brandenburg ziehen. Erst seit 2003 wächst Berlin wieder. Die Zeiten, in denen man in die Hauptstadt zog, weil man dort so billig leben konnte, sind längst vorbei. Heute spielen andere Gründe eine Rolle: Im Vergleich mit anderen internationalen Metropolen ist Berlin immer noch günstig, und sein Ruf als kreative, bunte Stadt bleibt anziehend.

Inzwischen muss ein potenzieller Mieter einer Neu- oder Altbauwohnung in Berlin mit 9,80 Euro Netto-Kaltmiete pro Quadratmeter rechnen. Die Mietpreise liegen damit deutlich über dem Bundesdurchschnitt von 7,04 Euro. Das geht aus Zahlen von empirica-systeme hervor, einem Immobiliendaten-Dienstleister, der jährlich Angebotsmieten – also Neuverträge, nicht Bestandsmieten – von rund einer Million Wohnungen auswertet.

Gar nicht weit weg, außerhalb der Berliner Stadtgrenze, halbieren sich erst einmal die Mietpreise. Brandenburg profitiert nur in den Randbereichen von genervten Hauptstädtern, die ins Grüne wollen: Teltow-Fläming liegt mit Preisen von 6,43 Euro noch nahe am Bundesdurchschnitt. Danach bleibt die Miethöhe bis Nordhessen durchschnittlich bis weit unterdurchschnittlich. Im Burgenlandkreis sind die Mieten mit fünf Euro am günstigsten.

Diese niedrigen Mietpreise gehen unter anderem auf den Einwohnerschwund auf dem Land zurück. Immer mehr Menschen zieht es in Großstädte und deren nahes Umland. Im gerade erwähnten Burgenlandkreis, im südlichen Sachsen-Anhalt, leben heute 4086 Menschen weniger als noch vor fünf Jahren. Das entspricht einem Bevölkerungsschwund von 2,2 Prozent. Hier zeigt sich die entgegengesetzte Entwicklung zu Berlin: Weniger Nachfrage bei gleichbleibendem Angebot führt zu niedrigen Mietpreisen.

Entlang der Linie 11 sind Großstädte die absoluten Mietpreistreiber, ob Frankfurt am Main (12,94 Euro), Stuttgart (12,04 Euro) oder München (16,45 Euro). Nirgends in der Bundesrepublik zahlt man mehr für die Miete als in der Hauptstadt Bayerns. An den hohen Preisen ist aber nicht nur die Nachfrage schuld: Gewachsene wirtschaftliche Strukturen ermöglichen hohe Vergütungen. Höhere Einkommen führen wiederum zu höheren Mieten. Setzt man die Mieten in Relation zum Einkommen, sind die am wenigsten bezahlbaren Städte entlang der Strecke Frankfurt am Main (33,4 Prozent Mietanteil am Einkommen) und München (33 Prozent). Dann kommt aber schon Berlin (31,9 Prozent).

Und das Ende dieser Entwicklung ist noch längst nicht erreicht. Spitzenreiter entlang der Linie 11 ist mit 27 Prozent Mietzuwachs in den vergangenen fünf Jahren Augsburg.

In Metropolen wie New York, London oder Paris zahlt

MIETPREISE

in Euro pro Quadratmeter netto kalt

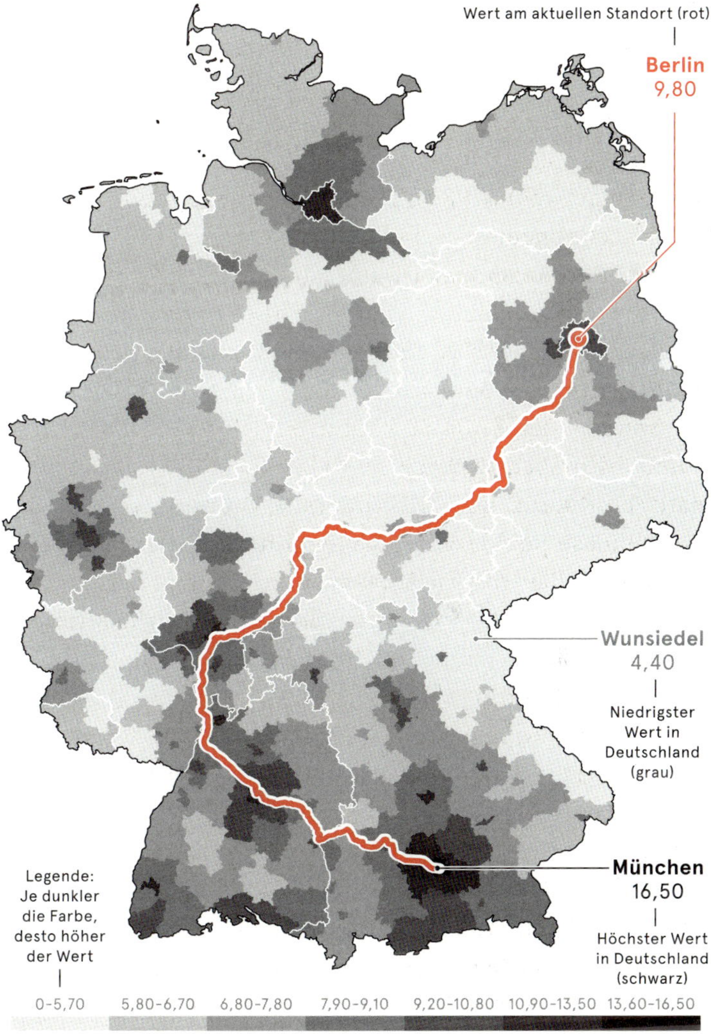

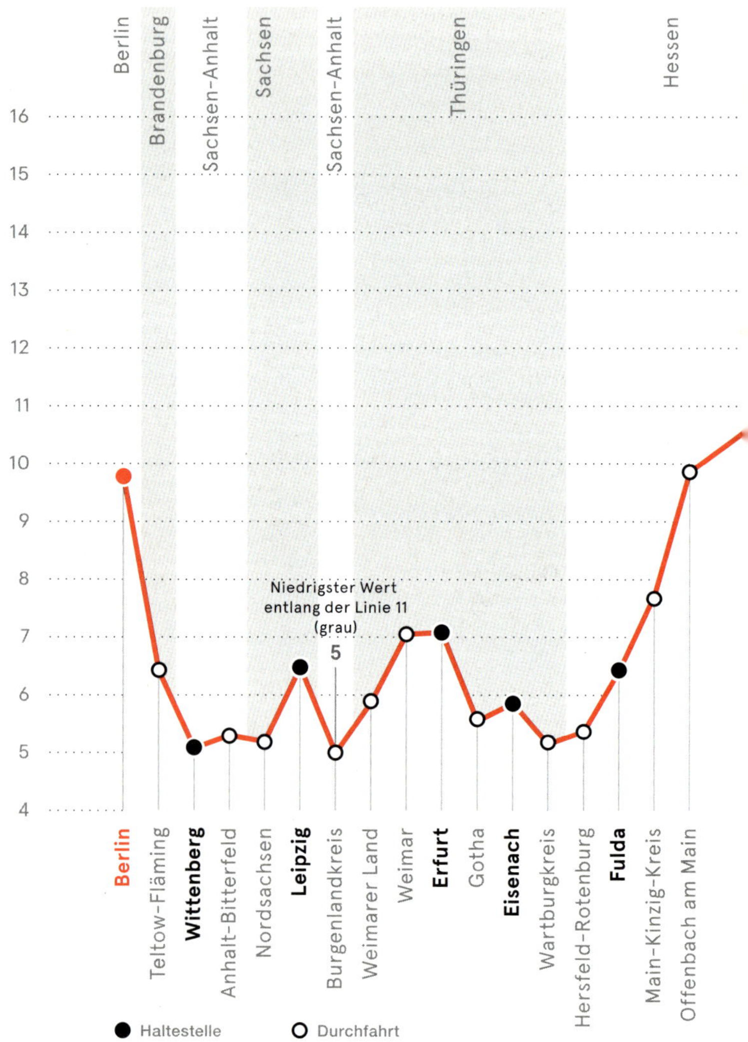
Berlin
Brandenburg
Sachsen-Anhalt
Sachsen
Sachsen-Anhalt
Thüringen
Hessen
16
15
14
13
12
11
10
9
8
7
6
5
4
Niedrigster Wert entlang der Linie 11 (grau)
5
Berlin
Teltow-Fläming
Wittenberg
Anhalt-Bitterfeld
Nordsachsen
Leipzig
Burgenlandkreis
Weimarer Land
Weimar
Erfurt
Gotha
Eisenach
Wartburgkreis
Hersfeld-Rotenburg
Fulda
Main-Kinzig-Kreis
Offenbach am Main
Haltestelle
Durchfahrt

MIETPREISE

in Euro pro Quadratmeter netto kalt

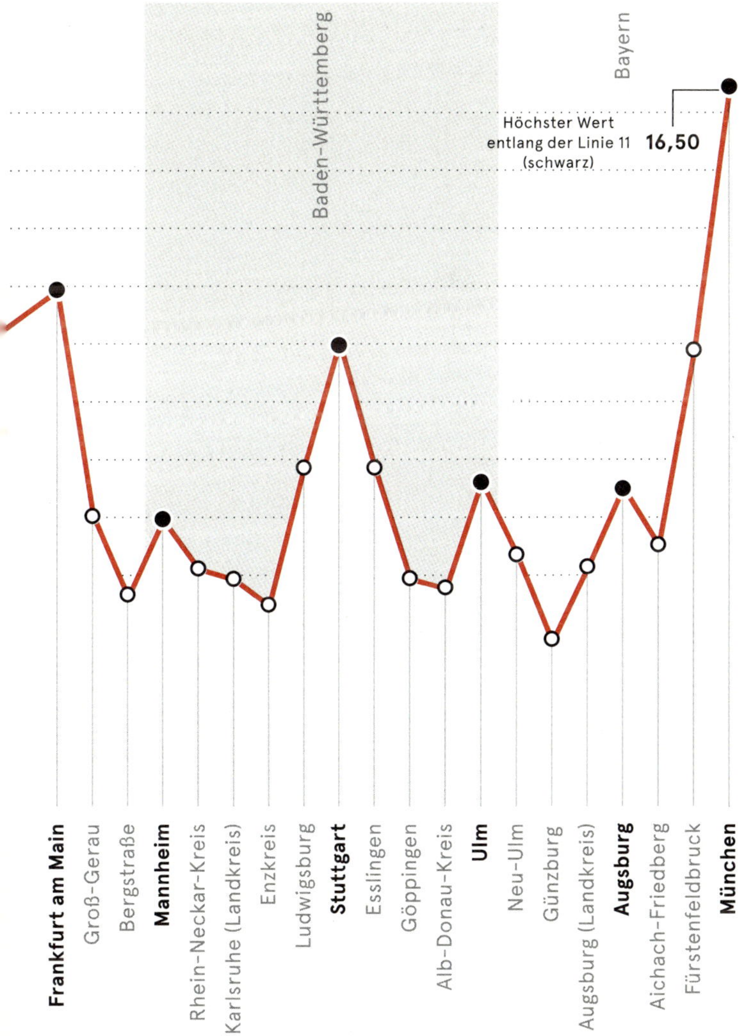

man teilweise 40 Euro pro Quadratmeter – davon sind auch die Spitzenreiter im deutschen Markt noch weit entfernt. Trotzdem ist bezahlbarer Wohnraum in Großstädten heute nur schwer zu finden.

Kilometer 19

Landkreis Teltow-Fläming

Wo die Schulzes wohnen

Auf Langstreckenflügen buche ich am liebsten einen Gangplatz – in der Bahn sitze ich lieber am Fenster. Die Aussicht ist mir hier wichtiger als mehr Bewegungsfreiheit. Draußen sehe ich, wie der Frost auf den braunen Böden der im Dezember längst abgeernteten Felder in der Sonne funkelt. Wir haben mittlerweile die Berliner Stadtgrenze überquert und fahren nun durch Teltow-Fläming. Der Norden des Brandenburger Landkreises gehört mit seiner Industrie noch zum boomenden Berliner Umland, während der Süden vor allem von Landwirtschaft geprägt ist. Mit jedem Kilometer werden die Landschaften weiter.

«Guten Morgen, die Fahrscheine bitte.» Ich drehe mich vom Fenster weg und ziehe mein geknicktes Ticket aus dem Geldbeutel. Während der Schaffner jetzt mit meinem Faltblatt kämpft, fällt mein Blick auf das Namensschild auf seiner dunkelblauen Nadelstreifenweste. «W. Baumgart» steht dort. Ob er wirklich so heißt, ist aber nicht sicher. Denn Bahnmitarbeiter dürfen auf ihren Namensschildern auch Pseudonyme benutzen, um sich vor aggressiven Fahrgästen oder Stalkern zu schützen.

Baumgart ist einer von etwa 850 000 unterschiedlichen Familiennamen, die es in Deutschland gibt. Diese Zahl stammt allerdings nicht aus einer offiziellen Zählung, denn die Behörden in Deutschland werten Namen statistisch nicht aus. Das Statistikamt kann keine Auskünfte darüber geben, wie viele «Müller», «Schmidt» und Co. in der Bundesrepublik leben.

Namenforscher behelfen sich mit dem Telefonbuch. Dort lässt sich zwar längst nicht mehr jeder eintragen, dennoch kann man eine recht genaue regionale Verteilung von Vor- und Nachnamen errechnen. Dabei wird nicht das aktuellste, sondern das Telefonbuch aus dem Jahr 2005 herangezogen. Damals waren noch rund 90 Prozent aller Haushalte darin verzeichnet.

Informationen wie diese habe ich in vielen Telefonaten mit Wissenschaftlern erhalten. Um die teils sehr großen Datenmengen richtig auszuwerten, ist es hilfreich, mit Experten zu sprechen. In diesem Fall war es Namenforscherin Rita Heuser. «Heute ist das Telefonbuch in vielen Orten ja gerade noch so dick wie ein Comicheft», erklärte sie mir als Beispiel dafür, warum ich keine aktuellen Telefonbuchdaten nutzen sollte. Außerdem erfahre ich, dass ich, um genauere Zahlen zu bekommen, den Wert mit 2,8 multiplizieren kann, da durchschnittlich knapp drei Personen einen Telefonanschluss nutzen.

Daraus ergibt sich, dass in Deutschland gerundet etwa 703 000 «Müller», 516 000 «Schmidt», 311 000 «Schneider», 261 400 «Fischer» und 232 300 «Weber» leben. Die Top 5 der häufigsten Namen des Landes bestehen ausschließlich aus Berufsbezeichnungen.

Wenn man davon ausgeht, dass der Bahnangestellte seinen richtigen Namen auf dem Namensschild trägt, leben neben ihm rund 9500 weitere Baumgarts in Deutschland. Über die Postleitzahl können die Namen dann sogar Regionen zugeordnet werden. So ergibt sich, dass dieser Nachname am häufigsten im Landkreis Sächsische Schweiz-Osterzgebirge vorkommt: Dort gibt es 7,8 Baumgarts pro 10 000 Einwohner.

Entlang der Linie 11 bewahrheitet sich die generelle Statistik: In jedem Kreis lautet der häufigste Nachname «Müller» oder «Schmidt / Schmid / Schmitt». Nur in Teltow-Fläming ist «Schulze» am stärksten vertreten. 87,1 von 10 000 Menschen tragen hier diesen Familiennamen.

In Deutschland gibt es laut Telefonbuch etwa gleich viele Schulzes und Hubers. Entlang des ersten Viertels der Strecke ist es aber eher unwahrscheinlich, auf einen «Huber» zu treffen. Dieser Familienname taucht vorrangig in der zweiten Hälfte der Strecke und vor allem in Bayern auf. Im Landkreis Fürstenfeldbruck erreicht der typisch südbayerische Nachname mit 70,4 pro 10 000 Einwohner seinen Höchstwert entlang der Linie.

In vielen Fällen gehen die Namen auf Berufsbezeichnungen aus dem Mittelalter zurück. So stammt «Huber» laut dem *Digitalen Familiennamenwörterbuch* von dem gleichnamigen Beruf, dem «Besitzer eines Bauerngutes». «Schulze» stammt von dem Beruf Schultheiß, eine Art Dorfvorsteher.

Im Rhein-Main-Gebiet heißen auffällig viele Menschen «Becker». Im Südwesten ist der Nachname «Haug» besonders häufig anzutreffen. Während Becker wieder eine Berufsbezeichnung ist, handelt es sich bei Haug um ein sogenanntes Patronym, einen Vatersnamen. Er bedeutet auch «Sohn des

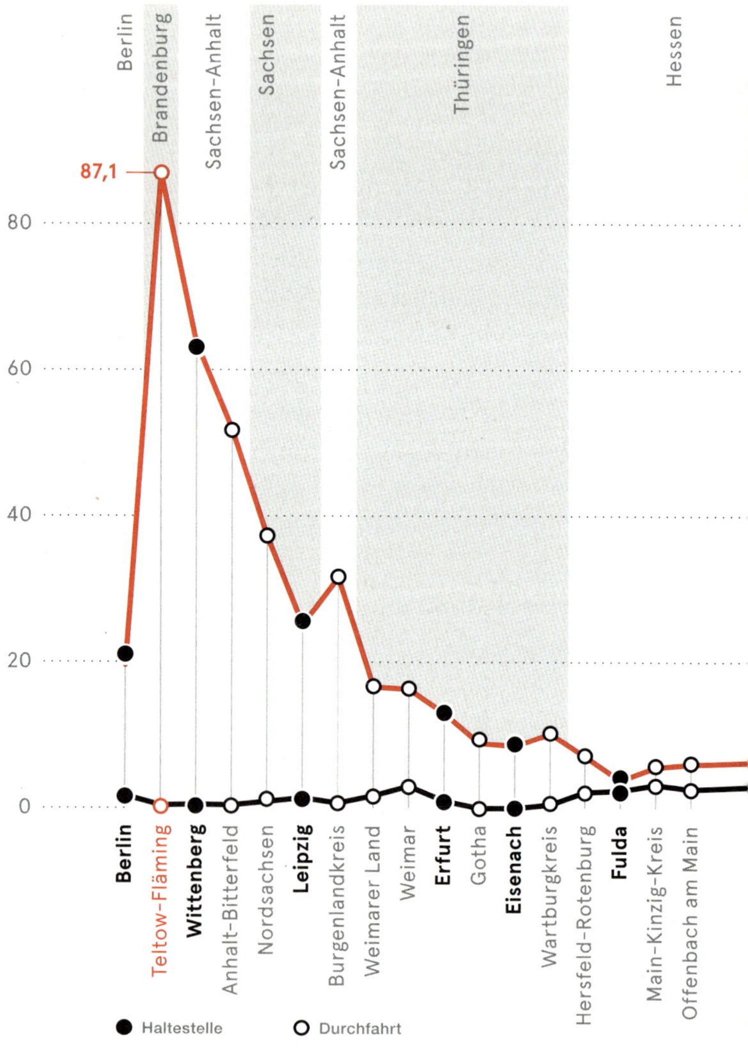
Berlin
Brandenburg
Sachsen-Anhalt
Sachsen
Sachsen-Anhalt
Thüringen
Hessen
87,1
80
60
40
20
0
Berlin
Teltow-Fläming
Wittenberg
Anhalt-Bitterfeld
Nordsachsen
Leipzig
Burgenlandkreis
Weimarer Land
Weimar
Erfurt
Gotha
Eisenach
Wartburgkreis
Hersfeld-Rotenburg
Fulda
Main-Kinzig-Kreis
Offenbach am Main
Haltestelle
Durchfahrt

«SCHULZE» UND «HUBER»

Anzahl Nachnamen pro 10 000 Einwohner

Name

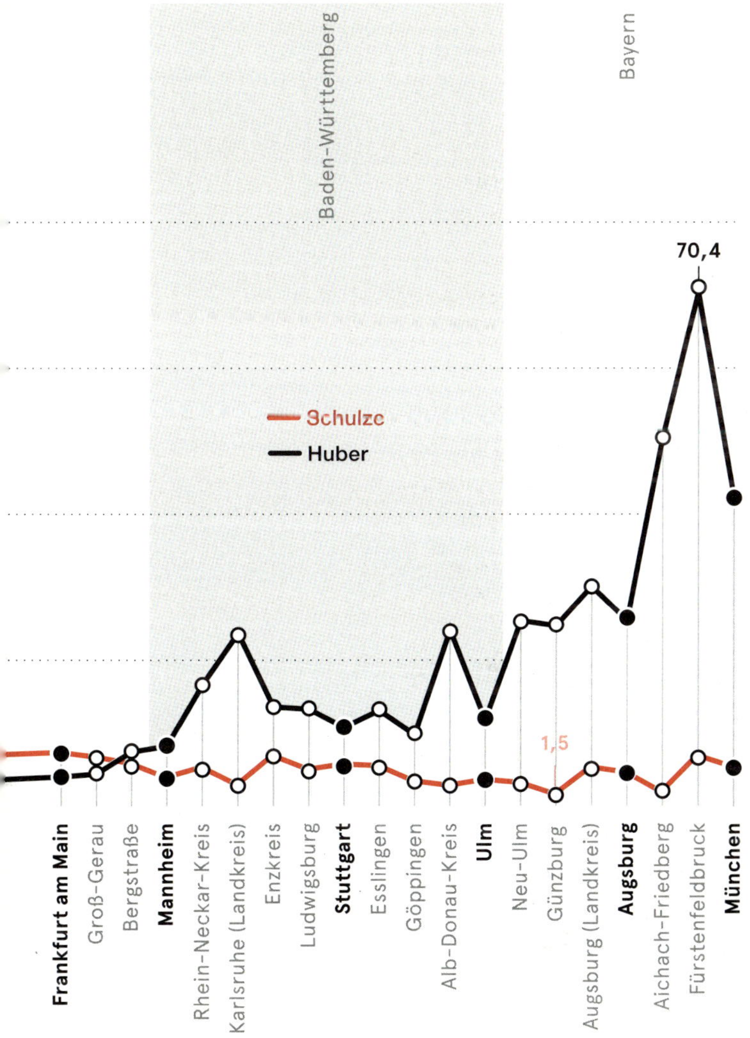

«SCHULZE» UND «HUBER»

Anzahl Nachnamen pro 10 000 Einwohner

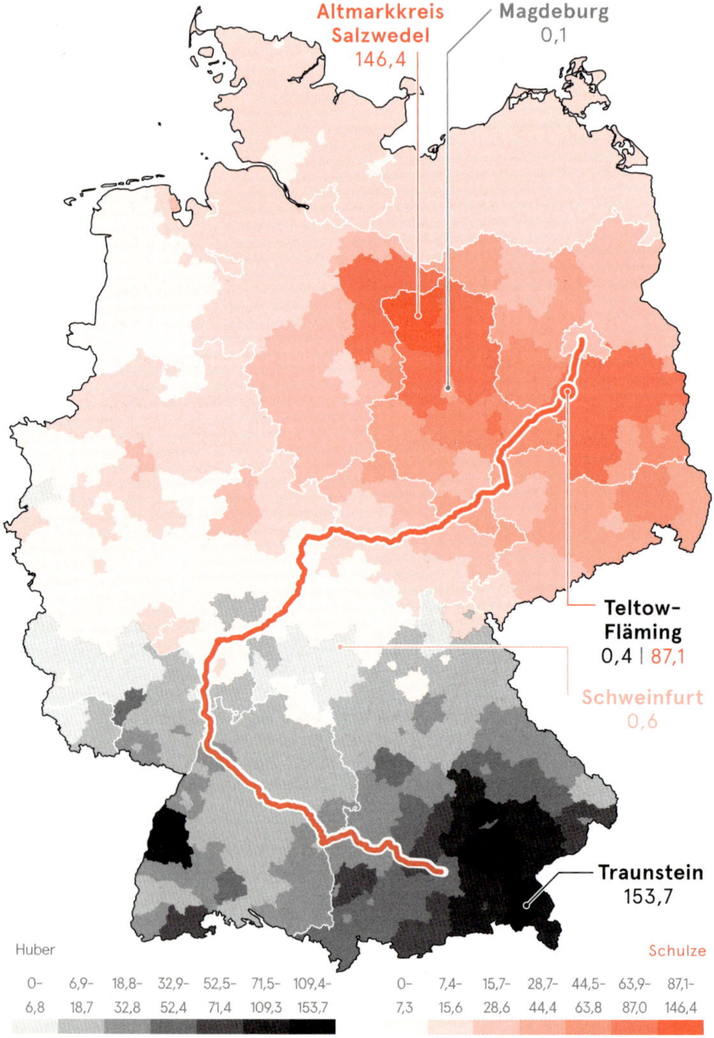

Hug / Hugo». Nimmt der Name Bezug auf die Mutter, handelt es sich um ein Metronym. Diese Art der Namensgebung ist in Deutschland sehr selten.

Die häufigste Namenskombination ist übrigens Peter Müller (4200). Der Name des Berliner Regierenden Bürgermeisters Michael Müller (3100) liegt nur auf Platz 8. Ursula Müller (1100) ist hingegen die häufigste Kombination bei Frauen im Telefonbuch.

Wie bestimmt jedem Zugreisenden schon aufgefallen ist: ICE haben auch Namen. Sie heißen wie berühmte Persönlichkeiten oder werden nach Städten benannt. Die Züge werden dabei sogar getauft. Zerschlagene Sektflaschen – wie etwa bei Schiffstaufen – findet man bei solchen Feierlichkeiten nicht – sie würden mit hoher Wahrscheinlichkeit den Zug beschädigen. Er wird stattdessen mit Sekt besprüht. Ich sitze im ICE «Regensburg».

Kilometer 98
Lutherstadt Wittenberg Hbf., ab 10:12 Uhr

Stadt und Land

Ich klappe meinen Laptop auf. Im «ICE-Portal», der Infoseite, die sich automatisch öffnet, wenn man sich ins WLAN einloggt, sehe ich auf einer Karte, wo wir uns gerade befinden. Das kleine Zugsymbol zeigt: Wir sind nur noch wenige Kilometer entfernt von unserem nächsten Halt Lutherstadt Wittenberg. Neben ein paar kleinen Dörfern sehe ich auf dem Bildschirm überall nur Grün. Das ist typisch für den Landkreis Wittenberg in Sachsen-Anhalt, wir befinden uns in einer der ländlichsten Regionen Deutschlands. In Berlin leben 3948 Einwohner auf einem Quadratkilometer, hier sind es nur noch 67.

Das Stadt-Land-Gefälle in Deutschland wird gegenwärtig immer größer. Immer mehr Menschen zieht es zum Leben und Arbeiten in die Städte. Zum Job oder zum nächsten Fachgeschäft fährt man auf dem Land oft viele Kilometer. Nicht immer kann auch eine funktionierende Infrastruktur bei der ärztlichen Versorgung sichergestellt werden. Durch langsames Internet sind viele Dörfer von der Digitalisierung abgeschnitten. Nicht jede, aber manch eine ländliche Region verliert dadurch im wahrsten Sinne des Wortes den Anschluss. Im Bundestagswahlkampf 2017 zeigte sich deutlich, dass diese Probleme langsam in den Fokus der Politik geraten. Während unserer Zugfahrt werden diese Gegensätze nicht nur beim Blick aus dem Fenster deutlich, sie zeigen sich genauso offensichtlich in den Daten.

Um Unterschiede zwischen Stadt und Land zu berechnen, nutze ich die Einteilung des Bundesinstituts für Bau-, Stadt- und Raumforschung (BBSR) für alle Stadt- und Landkreise: von Kategorie 1, Großstädte mit mehr als 100 000 Einwohnern, bis Kategorie 4, dünnbesiedelte Gebiete. In die vierte Kategorie gehört der Landkreis Wittenberg. Stellt man die Daten aus diesen beiden Kategorien gegenüber, kann man das Stadt-Land-Gefälle in Deutschland eindrücklich illustrieren. Ich habe mir Hunderte Merkmale in meiner Datensammlung angesehen. Ganz besonders große Differenzen zeigen die folgenden vier:

Jeder Deutsche geht im Jahr laut Daten der Organisation für wirtschaftliche Zusammenarbeit und Entwicklung durchschnittlich zehnmal zum Arzt. In kaum einem anderen Land auf der Welt lassen sich Menschen so häufig untersuchen. Doch außerhalb der Städte muss man teils viele Kilometer zur nächsten Arztpraxis fahren, und immer mehr Patienten haben Schwierigkeiten, überhaupt einen Arzt zu finden. Besonders Hausärzte werden händeringend gesucht.

Klar, auch in Großstädten ist es manchmal schwer, einen Termin zu bekommen. Jeder, der schon einmal einen Kinderarzt gesucht hat, weiß das. Aber dennoch ist das Stadt-Land-Gefälle bei der Ärzteversorgung deutlich: Auf dem Land kommen 681 Einwohner auf einen Arzt, während die Quote mit 436 in der Großstadt deutlich besser ist. Entlang der Linie 11 weist Ulm die beste Ärzteversorgung auf (329 Einwohner pro Arzt), im Enzkreis im Nordschwarzwald kommt hingegen nur ein Arzt auf 865 Einwohner.

Dafür ist man auf dem Land weitaus besser motorisiert, vor allem, was Motorroller und Motorräder angeht. Hier kommen laut Zahlen des Kraftfahrt-Bundesamtes 61,6 Krafträder über 50 Kubikzentimeter Hubraum auf 1000 Einwohner. In der Stadt sind es mit nur 35,5 pro 1000 fast die Hälfte. Im Havelland lässt es sich einfach schöner Motorrad fahren als in Berlin-Mitte. Außerdem ist der Roller für Teenager auf dem Land oft die einzige Möglichkeit, von A nach B zu kommen. Aufgrund der Abhängigkeit vom Wetter und der Parkproblematik taugen Motorräder in Städten auch nur bedingt für die Alltagsmobilität. Mit 87,3 Motorrädern pro 1000 Einwohner ist der bayerische Landkreis Aichach-Friedberg entlang der Linie 11 Spitzenreiter. Am seltensten sieht man Motorradfahrer in Leipzig (22,8 pro 1000 Einwohner).

Zwar haben Landbewohner mehr Fahrzeuge und sind dadurch mobiler, bleiben aber deutlich länger im «Hotel Mama». Während in ländlichen Regionen fast ein Viertel (25,3 Prozent) aller 30- bis 34-Jährigen noch bei den Eltern leben, tun dies in Großstädten nur 11,2 Prozent. Diese Daten lassen sich mit dem Nationalatlas des Leibniz-Instituts für Länderkunde (IfL) einordnen. Das IfL untersucht staatlich finanziert vor allem die regionale Geographie Deutschlands und Europas.

Demnach ist es die hohe Universitätsdichte, die in Städten das selbständige Wohnen begünstigt. Wer ein Studium aufnimmt, zieht dafür häufig in eine andere und oft größere

STADT – LAND
im Vergleich

Ärzteversorgung
Einwohner pro Arzt

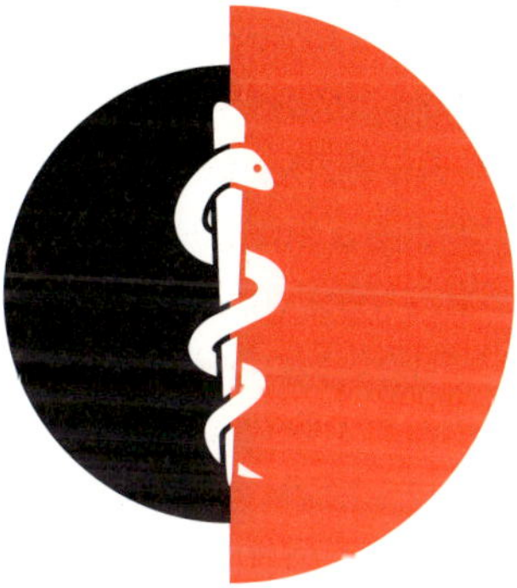

STADT 436 | **LAND** 681

Motorrad- und Rollerfahrer
pro 1000 Einwohner

STADT 35,5 | **LAND** 61,6

«Nesthocker»
(30 bis 34 Jahre) in Prozent

STADT 11,2 | **LAND** 25,3

Grüne-Wähler
in Prozent

STADT 10,7 | **LAND** 5,8

Stadt. Dagegen bleibt man auf dem Land oft länger bei den Eltern, bis man sich ein eigenes Haus oder eine Eigentumswohnung leisten kann. Entlang der Linie 11 gibt es im Wartburgkreis am meisten «Nesthocker». 39,2 Prozent der 30- bis 34-Jährigen leben dort bei den Eltern. Am seltensten haben Münchner Eltern Ü-30-Kinder im Haus (8,1 Prozent).

Übrigens: Nur in vier europäischen Ländern ziehen junge Erwachsene laut dem statistischen Amt der Europäischen Union, Eurostat, durchschnittlich noch früher aus als in Deutschland (23,7 Jahre) – in Estland (23,6), Finnland (21,9), Dänemark (21) und Schweden (20,7). Die Niederlande liegen mit Deutschland gleichauf. Besonders lange leben Italiener (30,1), Slowaken (31), Kroaten (31,5) und Malteser (31,8 Jahre) bei ihren Eltern.

Die Altersgruppe der unter 35-Jährigen stellte traditionell auch viele Grüne-Wähler. Heute liegt ihr Anteil aber bei weniger als zehn Prozent. Die Grüne-Wähler werden älter. Die treuesten Wähler hat die Partei in den Städten (10,7 Prozent). Auf dem Land bekommt sie mit 5,8 Prozent nur fast halb so viele Stimmen. Laut Bundeszentrale für politische Bildung (bpb) punktet die Partei vor allem bei Menschen mit überdurchschnittlich hohem Einkommen, die vorwiegend im Dienstleistungs- und Bildungsbereich arbeiten. Laut der bpb macht «ein überraschend hoher Anteil der Wähler» sein Kreuzchen «aus Lifestyle-Gründen» bei der Partei. Hochburgen der Grünen liegen laut der bpb nicht in der unberührten Natur, sondern in urbanen Zentren – vor allem in Universitätsstädten in den alten Bundesländern. Ihr bestes Ergebnis konnten sie bei der Bundestagswahl 2017 mit 23,3 Prozent der Stimmen in Freiburg holen, das schlechteste in Mansfeld-Südharz, Sachsen-Anhalt (2,1 Prozent). Entlang der Linie 11 leben die meisten Grüne-Wähler in Stuttgart (17,6 Prozent), die wenigsten in Anhalt-Bitterfeld (2,4 Prozent). Und was man vielleicht auch nicht auf Anhieb erwartet hätte: In München haben die Grünen mit 17,2 Prozent ein deutlich besseres Ergebnis geholt als in Berlin (12,6 Prozent).

Kilometer 124

Landkreis Anhalt-Bitterfeld

Durchs Helene-Fischer-Land

Früher gab es im ICE ein eigenes Radioprogramm. Man konnte seine Kopfhörer einfach in eine Buchse in der Armlehne einstöpseln und zwischen mehreren Sendern wählen. Die reichten von normalen Radiosendern über Hörspiele bis hin zu Kinderprogrammen.

Wo man sich in den 90ern noch die Scorpions, Roxette oder Phil Collins durch die Armlehne ins Ohr holen konnte, gibt es heute keine Kopfhörereingänge mehr: Das Radio-Bordprogramm ist eingestellt. Stattdessen wurden überall Steckdosen installiert. Wer Musik hören möchte, hat sowieso sein Handy dabei und streamt, worauf er gerade Lust hat. Ich höre meine selbstzusammengestellte Playlist aus alten Hip-Hop-Songs, Eins Zwo, Massive Töne, Too Strong.

Damit gehöre ich allerdings zu einer Minderheit. Das weiß man sofort, wenn man sich die Musikcharts anschaut. Dort kommt man in Deutschland an einem Namen nicht vorbei: Helene Fischer ist die erfolgreichste Künstlerin des Landes. Das zeigen Zahlen der offiziellen deutschen Charts der Gesellschaft von GfK Entertainment. Sie misst den

Musikgeschmack der Deutschen, indem sie die Anzahl von Tonträgerverkäufen, Downloads und Streams auswertet. Demnach ist Helene Fischer mit großem Abstand die erfolgreichste Künstlerin der offiziellen deutschen Albumcharts der vergangenen fünf Jahre.

Aber: Ist ganz Deutschland Helene-Fischer-Land, oder wohnen die Fans der Schlagersängerin nur in bestimmten Regionen der Republik? Regionalen Musikgeschmack kann man – zumindest annäherungsweise – mit Google-Daten auswerten. Wenn man spontan Musik hören möchte, sucht man oft den Bandnamen über die Suchmaschine. Das Unternehmen stellt auf Anfrage Zahlen zur Verfügung, die zeigen, in welchen Regionen welche Suchworte in Relation zum gesamten Suchvolumen eingetippt werden. Die Daten werden anonym mit sogenannten Indexwerten angeboten. 100 steht dabei für die Region mit dem stärksten Suchinteresse. Die anderen Werte werden dazu ins Verhältnis gesetzt. Natürlich sind diese nicht repräsentativ, zeigen aber doch interessante regionale Muster.

Betrachtet man die Suchanfragen zu Helene Fischer entlang der Linie 11, zeigt sich, dass das Interesse an der Schlagersängerin im Landkreis Anhalt-Bitterfeld am größten ist. Vom Wartburgkreis bis Frankfurt am Main geht das Interesse an Helene Fischer rapide zurück. In der Main-Metropole suchen die Menschen im Verhältnis seltener nach der Schlagersängerin. Die Suchanfragen zeigen neben dem deutlichen Ost-West-Unterschied auch, dass das Helene-Fischer-Phänomen vor allem eines auf dem Land ist. Woran das genau liegt, ist nicht klar. Die Geschmäcker sind eben verschieden. Fest steht aber, dass sich beim weiteren Blick

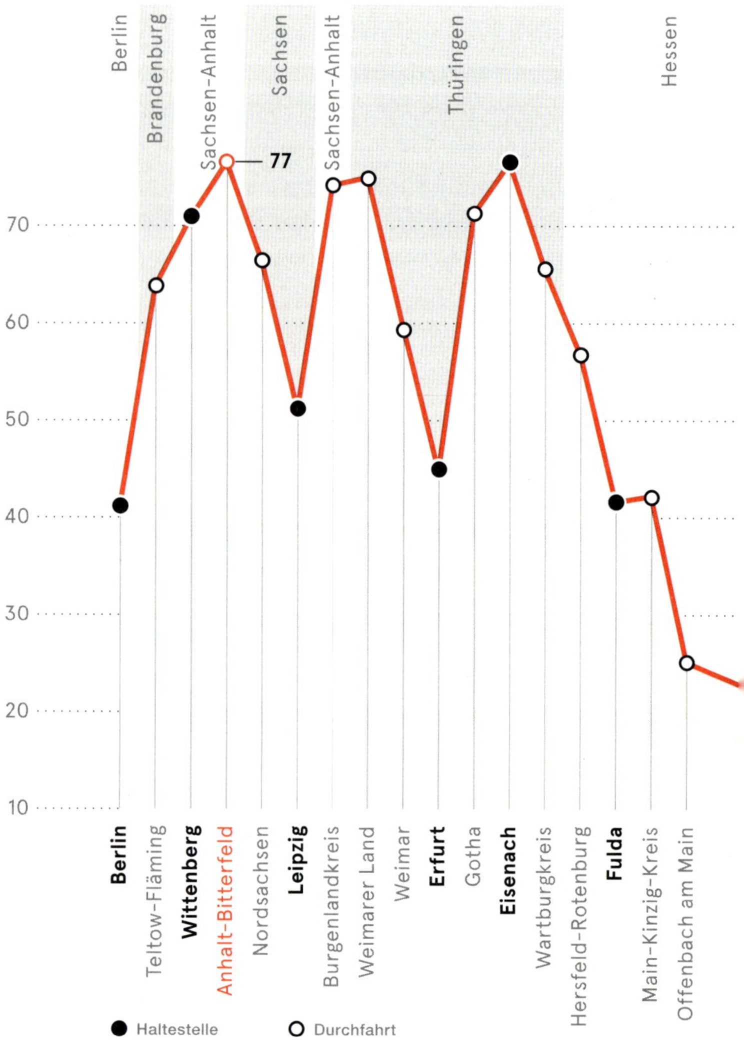
Berlin
Brandenburg
Sachsen-Anhalt
Sachsen
Sachsen-Anhalt
Thüringen
Hessen
77
70
60
50
40
30
20
10
Berlin
Teltow-Fläming
Wittenberg
Anhalt-Bitterfeld
Nordsachsen
Leipzig
Burgenlandkreis
Weimarer Land
Weimar
Erfurt
Gotha
Eisenach
Wartburgkreis
Hersfeld-Rotenburg
Fulda
Main-Kinzig-Kreis
Offenbach am Main
Haltestelle
Durchfahrt

«HELENE FISCHER»

als Suchvolumen bei Google (Index)

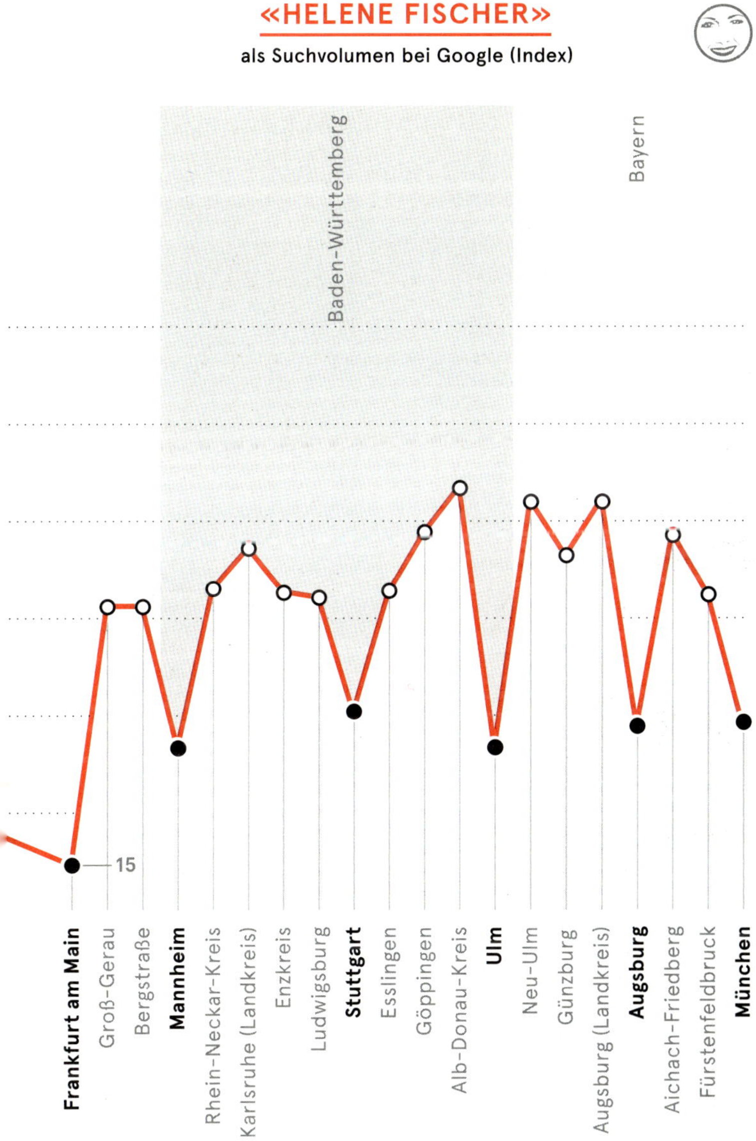

«HELENE FISCHER»

als Suchvolumen bei Google (Index)

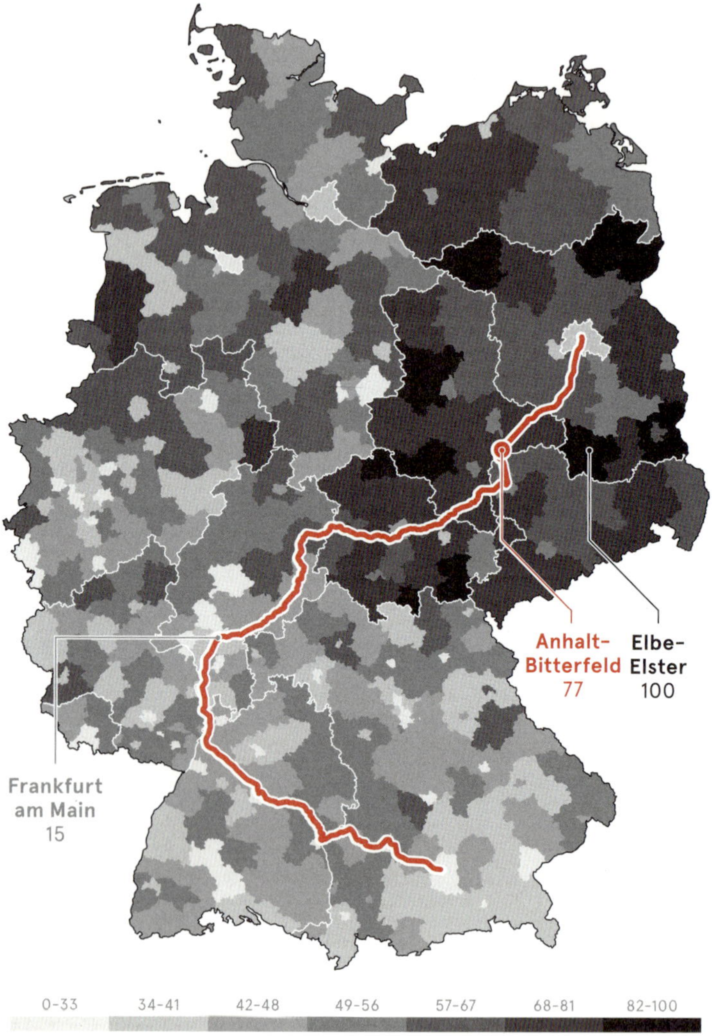

in die Suchdaten auffällig viele Frankfurter für Musik von Justin Bieber interessieren und in Erfurt vor allem Rammstein beliebt zu sein scheint.

Kilometer 170

Leipzig Hbf., ab 10:48 Uhr

Fahrt durch eine Medaillenhochburg

Wir fahren am Leipziger Messegebiet vorbei. Sofort stechen der Messeturm und das Logo mit den übereinandergestellten «M» ins Auge. Es stand früher für «Mustermesse» und gehört heute immer noch als Wahrzeichen zum Stadtbild. So kurz vor dem Hauptbahnhof kommt Bewegung in unseren Wagen. Die Frau in meiner Sitzreihe quetscht hastig ihren viel zu großen Kaffeebecher in den viel zu kleinen Mülleimer. Die ältere Dame vom Vierertisch vor mir steht schon fertig angezogen und mit dem Rollkoffer im Anschlag im Gang. Ihr Mann bleibt demonstrativ sitzen. «Komm, setz dich, das ist noch viel zu früh.» Mit dieser Haltung gehört er zu einer Minderheit, denn kurz darauf steht das halbe Abteil im Gang neben mir.

Wenn ich an Leipzig denke, fällt mir aus einem bestimmten Grund auch immer gleich Dresden ein: Denn beide Städte waren Inhalt eines skurrilen Telefonats, das ich letztens geführt habe. Eine Mitarbeiterin der Leipziger Statistikabteilung erzählte mir – ich hatte sie eigentlich wegen einer anderen Sache angerufen –, dass es einen internen Statistik-Wettstreit zwischen Leipzig und Dresden gäbe – allerdings nicht ganz ernst gemeint. Immer wenn neue Zahlen veröffentlicht würden, sähen die Statistiker sofort nach, wer wo die Nase vorn hat. Beim Thema Einkommen verliere Leipzig zum Beispiel immer.

Und tatsächlich: Die Leipziger haben mit 1457 Euro am wenigsten Einkommen entlang der gesamten Linie. Dresdner haben mit 1545 Euro monatlich mehr zur Verfügung. Wenn es aber um den Sport geht, liegt Leipzig vor Dresden – zumindest was die Zahl der Olympiasieger betrifft.

Generell gehört Deutschland bei den Olympischen Spielen zu den erfolgreichsten Ländern der Welt. Mit 1726 Medaillen seit den ersten Spielen 1896 bis heute (Stand Januar 2018, vor den Olympischen Winterspielen) liegt es im weltweiten Vergleich auf dem dritten Platz hinter den USA und Russland. Einen großen Anteil daran haben Sportler aus der ehemaligen DDR.

Wenn man wissen will, aus welchen Ecken der Republik die Gold-, Silber- und Bronzemedaillenträger kommen, kann man bei Wikipedia die Geburtsorte der Athleten ermitteln. Zwar ist Wikipedia keine sichere Quelle, ich habe die Ergebnisse aber später durch Sportwissenschaftler prüfen und bestätigen lassen. Dabei ergibt sich, dass von insgesamt 2413 Medaillengewinnern – jeden einzelnen Mannschaftssportler mitgezählt – 2136 innerhalb der aktuellen Ländergrenzen von Deutschland geboren sind. Die verbleibenden Olympiagewinner wurden in den früheren deutschen Gebieten oder im Ausland geboren, bei einigen wenigen Sportlern ist der Geburtsort überhaupt nicht mehr zu ermitteln.

Aber zurück zum sächsischen Städtewettstreit: In Leipzig

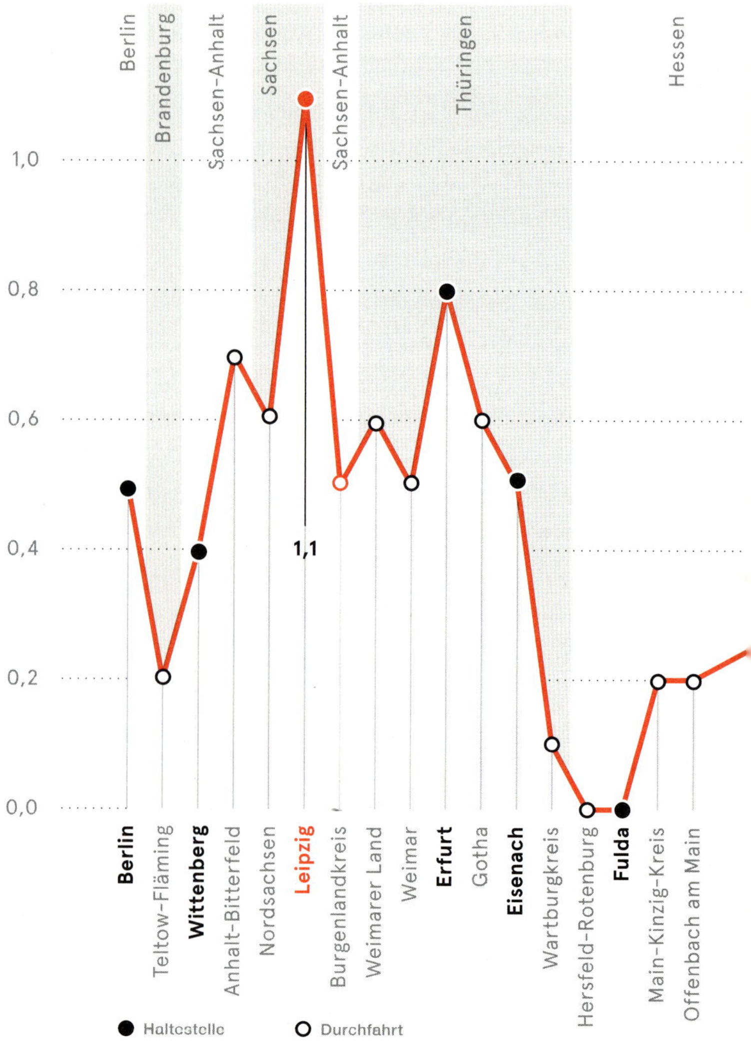
Berlin
Brandenburg
Sachsen-Anhalt
Sachsen
Sachsen-Anhalt
Thüringen
Hessen
1,0
0,8
0,6
0,4
0,2
0,0
1,1
Berlin
Teltow-Fläming
Wittenberg
Anhalt-Bitterfeld
Nordsachsen
Leipzig
Burgenlandkreis
Weimarer Land
Weimar
Erfurt
Gotha
Eisenach
Wartburgkreis
Hersfeld-Rotenburg
Fulda
Main-Kinzig-Kreis
Offenbach am Main
Haltestelle
Durchfahrt

OLYMPIASIEGER

pro 10 000 Einwohner

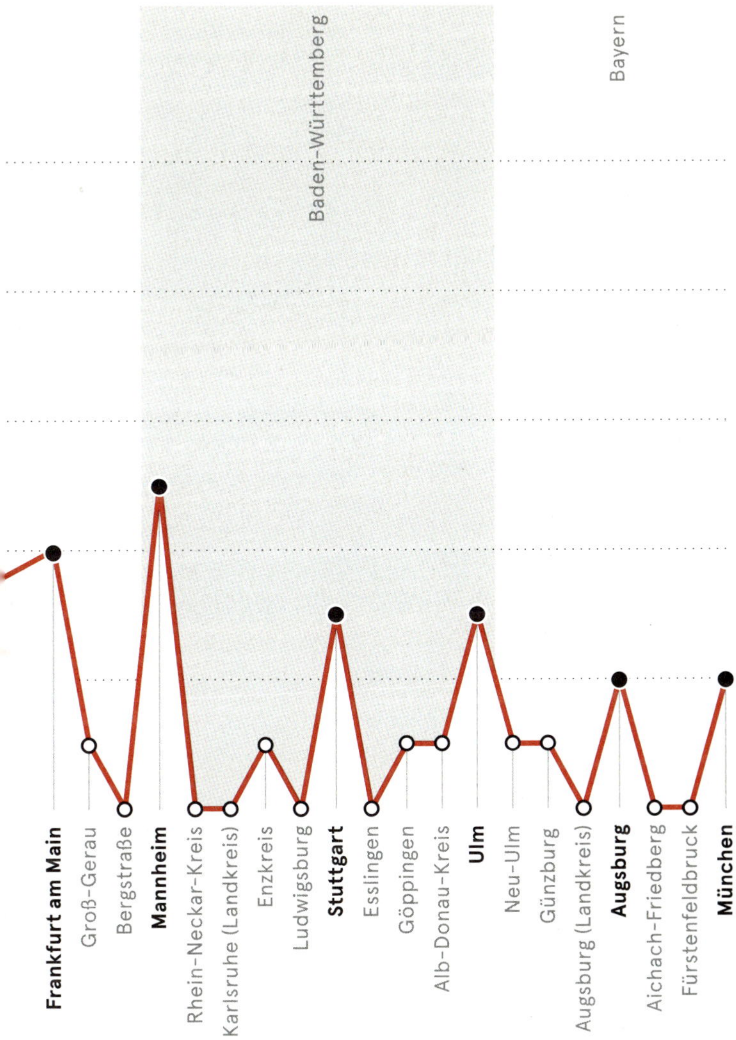

OLYMPIASIEGER

pro 10 000 Einwohner

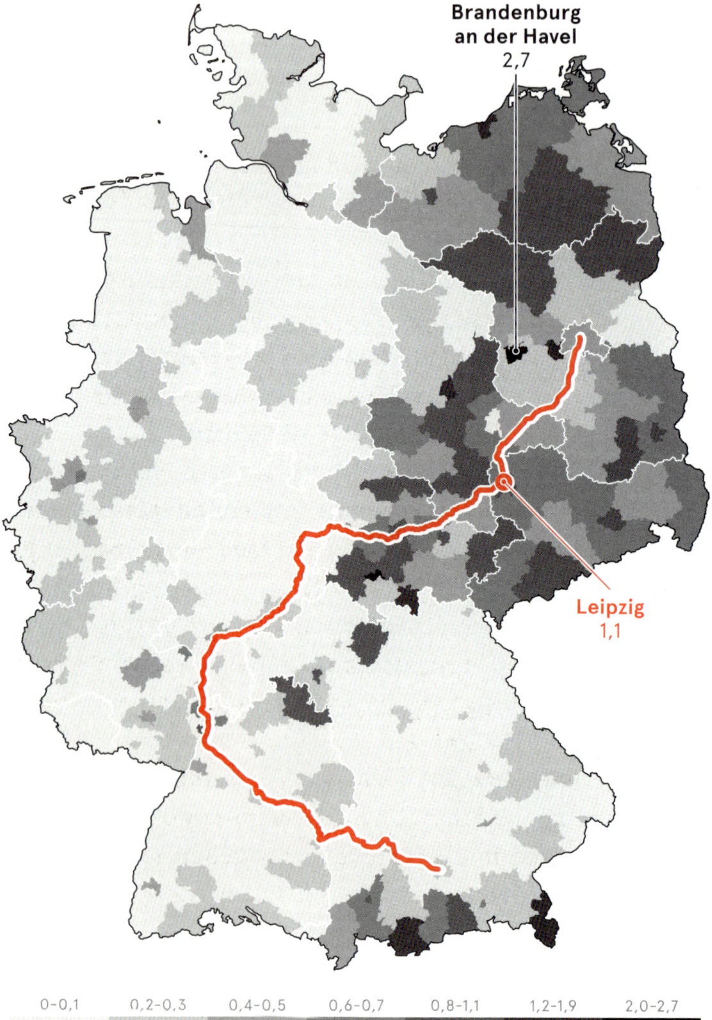

kommen 1,1 Medaillengewinner auf 10 000 Einwohner (insgesamt 63), die Stadt ist damit der Spitzenreiter entlang der Linie 11 und befindet sich auch bundesweit in den Top 10. In Dresden kommen dagegen «nur» 0,9 Gewinner auf 10 000 Einwohner, insgesamt 47 Stück.

Leipzig gilt bereits seit dem 19. Jahrhundert als Turn- und Sportstadt. Später versprach sich die DDR-Führung vom Spitzensport vor allem internationales Ansehen und förderte ihn mit Leistungszentren im ganzen Land. Eines der größten war Leipzig.

Mit Blick auf Deutschland wird ein großer Ost-West-Unterschied deutlich. In den alten Bundesländern gibt es sogar vier Landkreise entlang unserer Route – Hersfeld-Rotenburg, Karlsruhe, Augsburg und Aichach-Friedberg –, die es noch zu gar keiner Medaille gebracht haben.

Abseits der Linie 11 werden die anderen Hochburgen in Deutschland sichtbar. Es sind vor allem die Leistungszentren Brandenburg an der Havel (2,7 Medaillengewinner pro 10 000 Einwohner), Suhl (2,4) und Sonneberg (1,9). Im Westen kommen die meisten Olympiasieger aus der Alpenregion in Bayern, dem Berchtesgadener Land (1,9) und Garmisch-Partenkirchen (1,6). Es handelt sich dabei vor allem um Rodler, Bobfahrer oder Skisportler.

Nach einer kurzen Wartezeit im Kopfbahnhof von Leipzig fährt der Zug wieder an. Und auch der interne Wettstreit der Statistiker wird in die nächste Runde gehen, spätestens bei den nächsten Olympischen Spielen in Tokio 2020.

Kilometer 201
Landkreis Burgenlandkreis

Ost und West in Zahlen

Wir sind weiterhin pünktlich unterwegs, die Sonne scheint, es ist nicht sehr voll. Eine Durchsage ertönt. «Aufgrund einer technischen Störung müssen wir einen Umweg fahren. Bitte rechnen Sie mit einer halben Stunde Verspätung.» Weil es Probleme mit dem Zugleitsystem ETCS gibt, können wir die Neubaustrecke nicht befahren.

Auch wenn genau dieses Problem im Dezember 2017 bei der Einweihung der Schnellstrecke Berlin–München sehr medienwirksam in Erscheinung trat, sind Umwege bei der Bahn keine Seltenheit – auch die Linie 11 fährt aufgrund von Baustellen und Störungen hin und wieder andere Routen. Wer es nicht eilig hat, für den hat die Fahrt über die Altbaustrecke, auf der wir uns jetzt befinden, sogar Vorteile: Sie führt durch eine ausgesprochen schöne und abwechslungsreiche Landschaft.

Auch die anderen Fahrgäste scheint die Verspätung momentan nicht allzu sehr zu stören, die meisten Zugestiegenen sind noch damit beschäftigt, ihre Reisetaschen zu verstauen und es sich bequem zu machen. Wagen 3 füllt sich.

Ich habe jetzt eine Sitznachbarin. Sie ist vielleicht zehn Jahre alt, hinter uns sitzen ihr Vater und ihr kleiner Bruder. Sie sind offenbar Touristen, reisen mit riesigen Koffern und sprechen englisch.

Eine gemeinsame Sprache zu finden ist in Zeiten der Globalisierung eine Notwendigkeit. In der ehemaligen DDR lernte man als erste Fremdsprache Russisch in der Schule, im Westen Englisch. Das macht sich auch fast 30 Jahre nach der Wiedervereinigung in manchen Generationen noch bemerkbar. Und auch in vielen Statistiken bleibt der Osten sichtbar. Starke Gegensätze zeigen sich in den Daten vor allem in Bereichen, in denen die neuen Bundesländer gegenüber den alten einen deutlichen Vorsprung haben, etwa bei der Impfquote oder der Kindertagesbetreuung.

Ein paar Beispiele: In der ehemaligen DDR herrschte Impfpflicht. Ärzte kamen dafür in Kitas und Schulen und verabreichten die nötigen Impfstoffe. Das kann zwar als staatliche Bevormundung gesehen werden, wirkt aber bis heute nach. Das Zentralinstitut für die kassenärztliche Versorgung in Deutschland (ZI) veröffentlicht die Impfquoten auf Kreisebene, und bei der Grippeschutzimpfung zeigt sich ein starkes Ost-West-Gefälle. Während im Osten mehr als die Hälfte (54 Prozent) der bei gesetzlichen Krankenkassen Versicherten über 60 Jahre – ab diesem Alter wird eine Impfung empfohlen – geimpft sind, ist das im Westen lediglich jeder Dritte (33 Prozent). In Deutschland gibt es heute lediglich eine verpflichtende Impfberatung.

Impfverweigerer finden sich vor allem in Süddeutschland: Entlang der Linie 11 ist in Nordsachsen mit 60 Prozent die Impfquote am höchsten, in Göppingen ist sie mit 15 Prozent

OST – WEST
im Vergleich

Grippeimpfung
(ab 60 Jahren) in Prozent

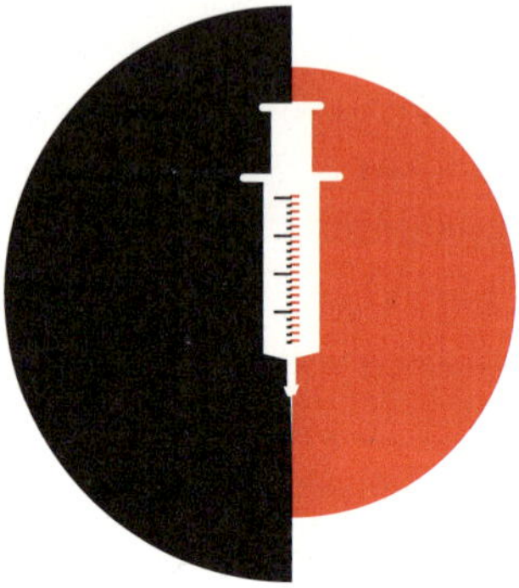

OST	**WEST**
54	33

Ronny
pro 10 000 Einwohner

OST	**WEST**
3,5	0,5

Hans
pro 10 000 Einwohner

OST	**WEST**
21,4	44,1

Kindertagesbetreuung
(unter 3 Jahre) in Prozent

OST	**WEST**
52	28

am geringsten – und weit weg von den von der EU-Kommission geforderten 75 Prozent.

Im Gegensatz zur Impfstatistik gibt es – wie bei den Nachnamen – keine offiziellen Zahlen über Vornamen in Deutschland. Aufschluss gibt erneut der Blick ins Telefonbuch. Demnach sind die häufigsten männlichen Vornamen in Deutschland Peter (442 000), Wolfgang (369 000) und Michael (354 000). Bei den Frauen sind es Maria (154 000), Ursula (123 000) und Elisabeth (105 000). Bei vielen Namen gibt es deutliche regionale Unterschiede. Was ist zum Beispiel mit dem Klischee-Vornamen «Ronny»? Während im Osten tatsächlich 3,5 von 10 000 Einwohnern so heißen, kommt der Westen gerade einmal auf 0,5 Ronnys pro 10 000 Einwohner. Im Gegensatz dazu ist «Hans» ein typischer West-Name. In den alten Bundesländern gibt es 44,1 Hans pro 10 000 Einwohner, in den neuen nur 21,4. Entlang der Linie 11 leben die meisten Hans in Hersfeld-Rotenburg und die meisten Ronnys in Nordsachsen.

Heute werden Kinder aber nur noch selten Hans und Ronny genannt, sondern eher Ben oder Max. Und zwar in Ost und West gleichermaßen. Während solche Namenstrends inzwischen deutschlandweit zu beobachten sind, zeigen sich beim Thema Kinderbetreuung noch immer Unterschiede. Auch wenn mancherorts die Kitaplätze extrem begehrt sind – in Berlin rät das Jugendamt mittlerweile, sich bereits während der Schwangerschaft für einen Platz zu bewerben –, gehen kleinere Kinder vor allem im Osten in die Krippe. Mehr als jedes zweite Kind (52 Prozent) unter drei Jahren ist laut Zahlen des Bundesinstituts für Bau-, Stadt- und Raumforschung (BBSR) in den neuen Bundesländern in Kindertagesbetreuung. In Westdeutschland gehen gerade einmal 28 Prozent der Kinder unter drei in den Kindergarten. Danach steigen die Zahlen zwar an – aber häufig erfolgt die Betreuung nur halbtags.

Für viele Frauen im Osten sei es laut dem BBSR-Bericht normal, auch als Mutter arbeiten zu gehen. In Westdeutschland hingegen sei bei einigen Menschen auch heute noch das Leitbild der «Rabenmutter» verbreitet, nach dem ein Kleinkind darunter leide, wenn seine Mutter arbeite. Die höchste Betreuungsquote entlang der Linie 11 hat Wittenberg mit 61,5 Prozent, die geringste das bayerische Aichach-Friedberg (18,8 Prozent).

Kilometer 236

Landkreis Weimarer Land

Wo die Deutschen Urlaub machen

Ein Schaffner bahnt sich zur Fahrkartenkontrolle wieder seinen Weg durch die Sitzreihen. Der Ticketscanner blitzt, die Schaffnerzange klickt. Weit kommt er nicht, er muss viele Fragen zur Verspätung beantworten.

Währenddessen wird die Landschaft merklich hügeliger. Berge kann man das zwar noch nicht nennen, aber ein Großteil der Dörfer befindet sich jetzt an Hanglagen. Das Weimarer Land in Thüringen – und ganz besonders die Gegend um Bad Sulza – wird auch als die «Toskana des Ostens» bezeichnet. Die Landschaft mit ihren Weinbergen weckt tatsächlich solche Assoziationen. Vielleicht ist dies einer der Gründe, warum Thüringer ihre Ferien gern vor Ort verbringen. Zwar machen die Deutschen generell am liebsten im eigenen Land Urlaub, der Anteil an Heimaturlaubern ist aber in Thüringen laut Zahlen von TUI Deutschland besonders hoch. Mecklenburg-Vorpommern ist laut Reiseanalyse 2017 des Deutschen Reiseverbandes das beliebteste Ziel im Inland, und dort wollen Urlauber vor allem an die Ostsee.

Das beliebteste Auslands-Reiseziel der Deutschen ist laut

«MALLORCA» ODER «OSTSEE»

als Suchvolumen bei Google (Index)

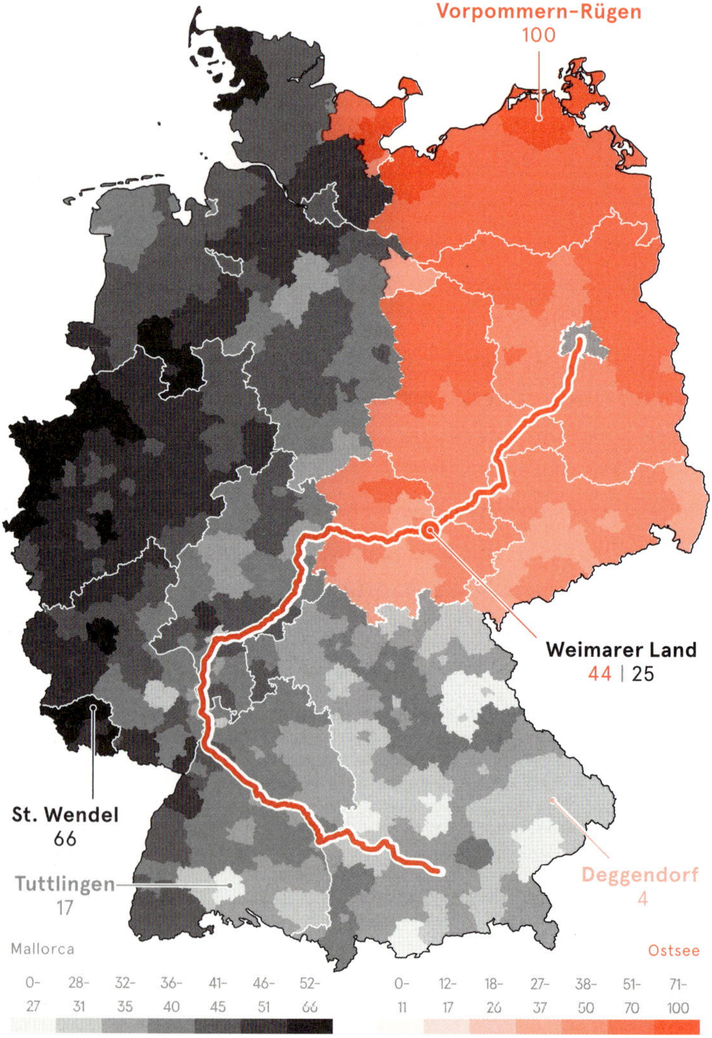

Reiseanalyse 2017 Spanien. Und innerhalb Spaniens ist nach wie vor Mallorca die meistgebuchte Ferieninsel.

Ostsee und Mallorca also. Um ein genaueres Bild über die regional unterschiedlichen Urlaubspräferenzen der Deutschen zu bekommen, kann auch hier die Häufigkeit der beiden Suchbegriffe mit dem Google-Dienst «Trends» ausgewertet werden. Denn im Internet startet häufig die Online-Recherche für Urlaubsangebote. Laut der Auswertung gehört das Weimarer Land zu den Regionen, die sich am meisten für die Ostsee interessieren.

Überhaupt sucht der Osten eher nach der Ostsee, während der Westen nach Mallorca googelt. Das Interesse an der Ostsee wird ab der ehemaligen innerdeutschen Grenze schlagartig geringer – dafür wird Mallorca in den Thüringer Kreisen entlang der Linie 11 so selten gegoogelt wie nirgends anders.

Wer in der ehemaligen DDR während der Arbeit von Strandurlaub träumte, hatte möglicherweise die Ostsee vor Augen. Zeitgleich wurde Mallorca in den 70er Jahren die Lieblingsinsel im Westen. Heute gilt die Baleareninsel als das «17. Bundesland» Deutschlands, die Deutschen – ob aus Ost oder West – stellen mit 36 Prozent die größte Touristengruppe. Rund 19 000 Deutsche leben derzeit sogar dauerhaft auf «Malle».

Spanier finden dagegen Urlaub in Deutschland eher weniger attraktiv. Nur 3,5 Prozent aller Übernachtungen aus dem Ausland gehen laut Reiseanalyse 2017 auf das Konto Spaniens.

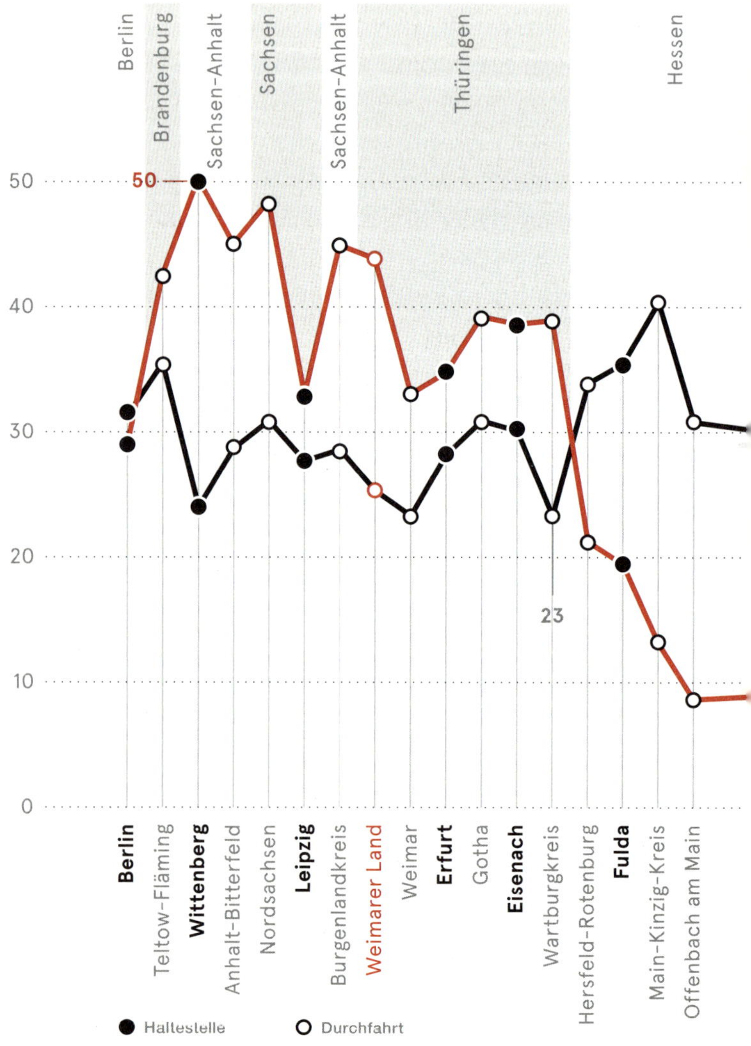
Berlin
Brandenburg
Sachsen-Anhalt
Sachsen
Sachsen-Anhalt
Thüringen
Hessen
50
40
30
20
10
0
50
23
Berlin
Teltow-Fläming
Wittenberg
Anhalt-Bitterfeld
Nordsachsen
Leipzig
Burgenlandkreis
Weimarer Land
Weimar
Erfurt
Gotha
Eisenach
Wartburgkreis
Hersfeld-Rotenburg
Fulda
Main-Kinzig-Kreis
Offenbach am Main
Haltestelle
Durchfahrt

«MALLORCA» ODER «OSTSEE»

als Suchvolumen bei Google (Index)

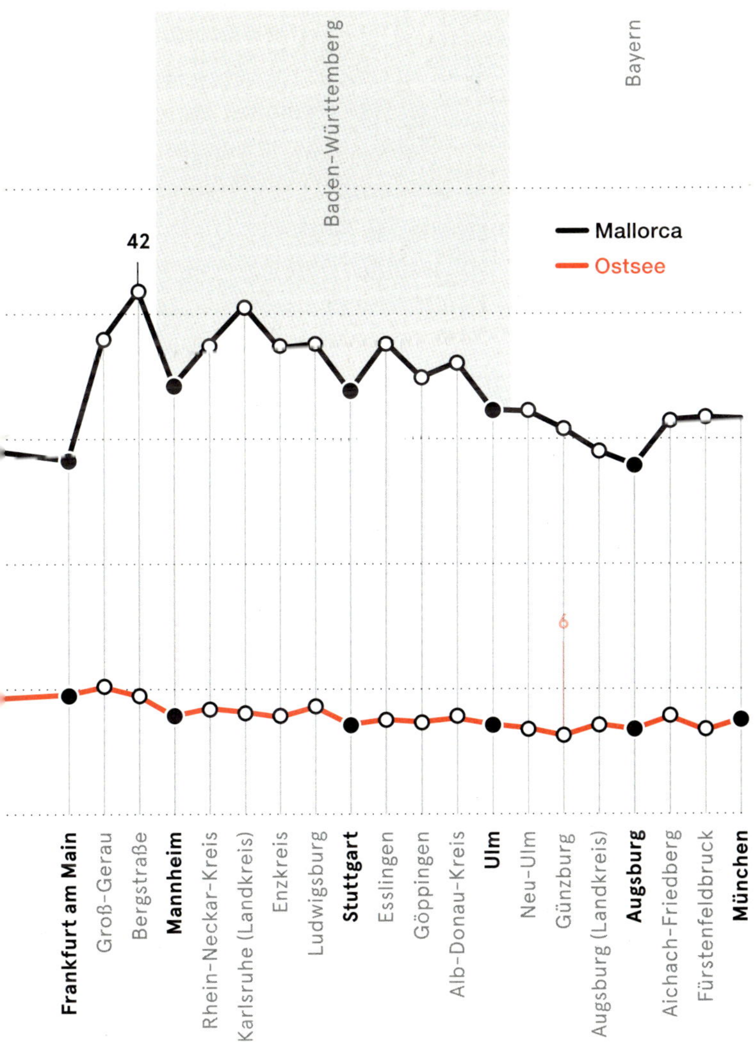

Kilometer 263

Weimar

Nicht die ungläubigste Region

Beim Blick aus dem Fenster ist fast immer entweder ein Windrad oder ein Kirchturm zu sehen. Insgesamt prägen etwa 28 000 Windräder und rund 45 000 Kirchen – 24 500 katholische und 20 500 evangelische – das Landschaftsbild in Deutschland. Unser Zug ist bisher an etwa 1000 Kirchtürmen vorbeigefahren. In Weimar steht eine der berühmtesten von ihnen, die Herderkirche – seit 1998 zählt sie zum UNESCO-Welterbe. Eine Fahrt mit der Linie 11 ist aber leider keine Sightseeing-Tour. Der Blick auf die berühmte Stadtkirche in Weimar wird von hohen Altbauten verdeckt.

Erst an den Stadtgrenzen ist wieder eine Kirche zu sehen. Der Turm mit der auffälligen achteckigen Kuppel gehört zur evangelischen Dorfkirche St. Albanus des Weimarer Stadtteils Gaberndorf. 254 Mitglieder hat die kleine Kirchengemeinde. Davon treffen sich laut Pfarrerin Karin Krapp etwa 30 Kirchgänger jeden zweiten Sonntag zum Gottesdienst. Sie war auch schon in Bayern tätig. Dort gebe es zwar prozentual mehr Kirchenmitglieder, mit Besucherquoten von 60 Personen auf 6000 Gemeindemitglieder seien diese aber weit weniger aktiv gewesen.

Regionale Unterschiede in der Kirchenzugehörigkeit findet man im Zensus des Statistischen Bundesamtes. Und diese Zahlen zeigen eine tiefe Spaltung. Fast zwei Drittel (62 Prozent) aller Menschen in Deutschland gehören laut der letzten Volkszählung aus dem Jahr 2011 der katholischen oder evangelischen Kirche an. Im Westen sind es 71 Prozent, im Osten dagegen lediglich 25,6 Prozent. Aktuelle Zahlen sind sogar noch niedriger (nur noch rund 55 Prozent Kirchenmitglieder in ganz Deutschland), diese lassen sich aber nicht regional herunterbrechen.

Die Unterschiede zwischen Ost und West waren aber nicht immer so groß. Kurz nach Gründung der DDR 1949 gab es dort und in der Bundesrepublik Volkszählungen. Demnach waren in der Bundesrepublik mit 96,4 Prozent fast alle Einwohner Kirchenmitglieder. Die DDR kam bei ihrer Zählung auf immerhin 86,3 Prozent. Ende der 80er Jahre, zur letzten Volkszählung der DDR, gab es gerade einmal noch 37,1 Prozent Kirchenmitglieder. In der Bundesrepublik waren es da zumindest noch 85,1 Prozent. Die Zahlen gingen nicht schlagartig, sondern langsam zurück. Da es nicht gerade als karrierefördernd galt, in der DDR Mitglied einer Kirche zu sein, traten viele Menschen aus und ließen in der Folge meist auch ihre Kinder nicht mehr taufen.

Die Auswirkungen sind heute noch entlang der Linie 11 in Zahlen deutlich sichtbar. Von Berlin bis Eisenach zahlt weniger als jeder Dritte Kirchensteuer, in Weimar sogar weniger als jeder Vierte (23,4 Prozent). Am wenigsten Christen leben in Leipzig (15,8 Prozent), rund 300 Kilometer weiter, in Fulda, erreicht die Zahl der Kirchenmitglieder dagegen ihren Höchststand (82,2 Prozent) – auch deutschlandweit

KIRCHENMITGLIEDER

(evangelisch und katholisch) in Prozent

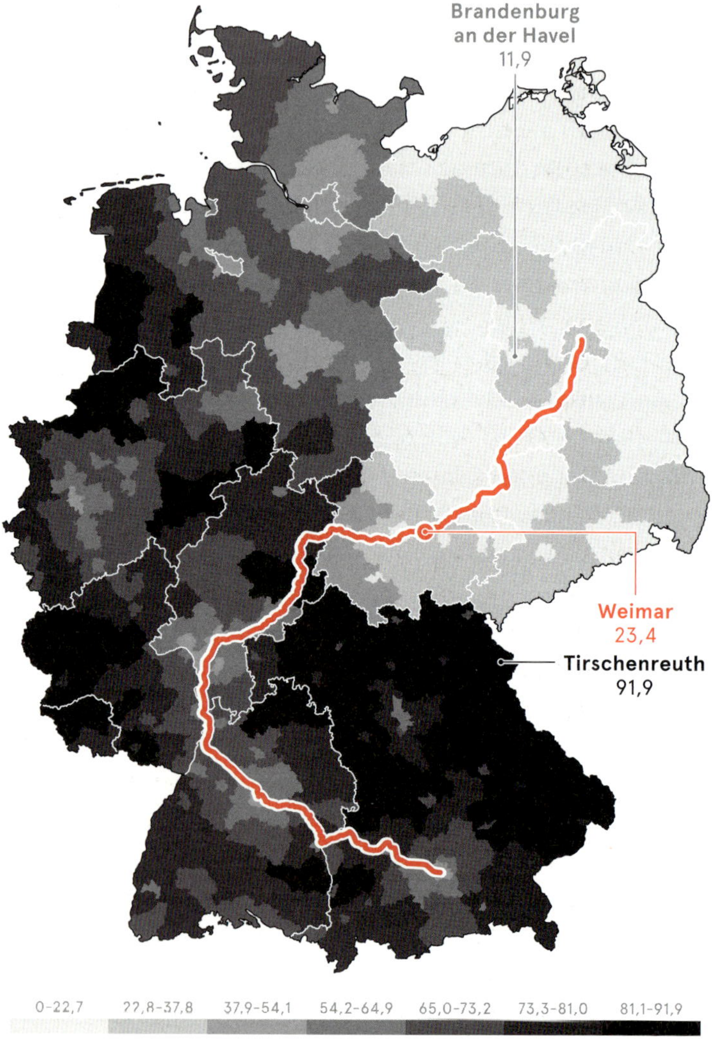

ist das einer der höchsten Werte. Interessant ist dann aber vor allem der rapide Anstieg noch in den neuen Bundesländern. Mit 46 Prozent leben in der Grenzregion Wartburgkreis (Thüringen) fast so viele Kirchenmitglieder wie in München (50,4 Prozent). Der Grund: Mit dem Eichsfeld und der Rhön hat der Landkreis zwei traditionell tiefkatholische Regionen, in denen Gemeinden wie Schleid, Buttlar und Geisa noch heute bis zu 90 Prozent Kirchenmitglieder haben.

Der Zensus hatte allerdings eine große Einschränkung: Er fragte verpflichtend lediglich nach Religionsgesellschaften wie der römisch-katholischen oder evangelischen Konfession. Angaben zu weiteren Religionen wie Judentum oder Islam waren freiwillig und sind daher nicht verlässlich.

Dass man bei Daten generell vorsichtig sein muss, zeigen die besagten Zensuszahlen aus dem Jahre 2011 für die Stadt Weimar. Den Ergebnissen der Zählung nach gehörten lediglich sechs Prozent der Einwohner einer christlichen Kirche an – der niedrigste Wert in ganz Deutschland. Erschüttert lasen die Weimarer Christen, sie seien laut einem Medienbericht, der sich auf diese Ursprungszahlen stützte, die «gottloseste Stadt Deutschlands».

Allerdings wurde diese Behauptung von Henrich Herbst, Superintendent des evangelisch-lutherischen Kirchenkreises Weimar, sofort dementiert. «Dieser Zensus hat einen Schreibfehler oder ist einem riesigen Irrtum unterlegen. Der niedrige Wert ist nicht erklärbar, weil er nicht stimmt.» Seine Zahl, 23,4 Prozent, klingt nicht mehr ganz so dramatisch. Das Statistische Bundesamt bestätigte auf Anfrage den Fehler und nannte eine falsche Datenübermittlung als Grund.

Ob gläubig oder nicht: Bahn fährt man mit dem Segen der

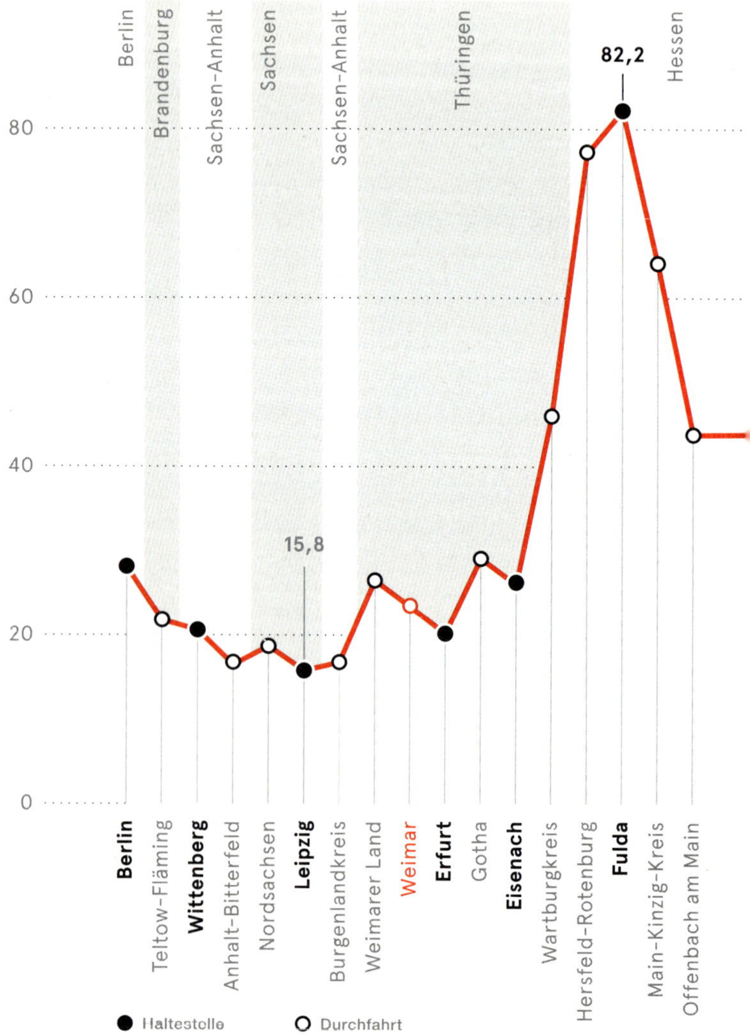
Berlin
Brandenburg
Sachsen-Anhalt
Sachsen
Sachsen-Anhalt
Thüringen
Hessen
82,2
15,8
80
60
40
20
0
Berlin
Teltow-Fläming
Wittenberg
Anhalt-Bitterfeld
Nordsachsen
Leipzig
Burgenlandkreis
Weimarer Land
Weimar
Erfurt
Gotha
Eisenach
Wartburgkreis
Hersfeld-Rotenburg
Fulda
Main-Kinzig-Kreis
Offenbach am Main
Haltestelle
Durchfahrt

KIRCHENMITGLIEDER

(evangelisch und katholisch) in Prozent

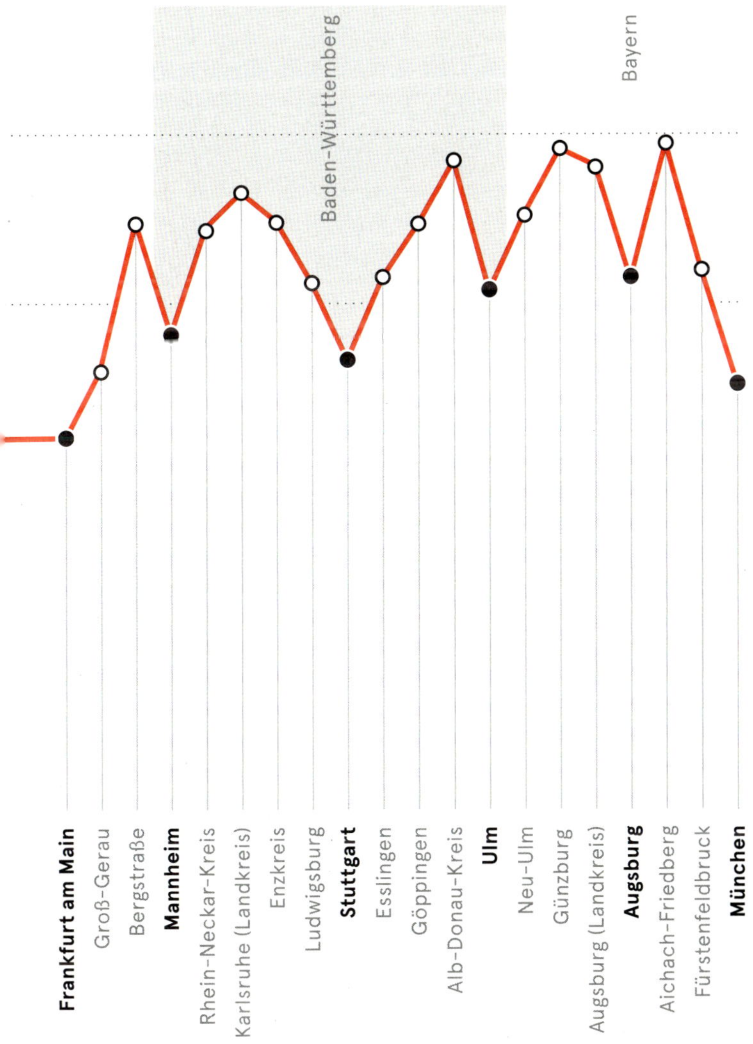

katholischen und evangelischen Kirche. Denn Bahnstrecken werden von Bischöfen beider Konfessionen gesegnet. Zuletzt bei einem Festakt zur Eröffnung der Schnellfahrstrecke Berlin–München. Dabei wird Weihwasser auf den Zug und auf die Schienen verteilt und eine Predigt gehalten. Im obigen Fall – es war kurz vor Weihnachten – schloss sie mit den Worten: «In diesen Tagen warten wir wieder auf seine Ankunft. Im Fahrplan steht 24. Dezember. Heiligabend. Bisher war er jedes Jahr pünktlich. Holen wir ihn an Bord!»

Kilometer 286

Erfurt Hbf., ab 12:07 Uhr

Frauen, Männer und die Gehaltsschere

In einigen ICE kann man dem Lokführer bei der Arbeit zusehen. Der Triebwagen ist sowieso nur ein paar Meter entfernt, ich beschließe nachzusehen, wer heute den Zug fährt. Aber nach Wagen 1 ist Schluss. Ich stehe vor einer massiven grauen Tür. Nur bei den neueren ICE-Generationen kann man direkt in den Führerstand schauen. Aber eigentlich muss ich auch gar nicht nachsehen: Mit an Sicherheit grenzender Wahrscheinlichkeit sitzt ein Mann im Führerstand. Denn unter den rund 2000 ICE-Lokführern, die die Deutsche Bahn beschäftigt, sind gerade einmal zwei Prozent Frauen. Dieser Wert liegt noch unter dem Anteil von Pilotinnen in der kommerziellen Luftfahrt (rund fünf Prozent). Auch bei den Zugbegleitern sind Frauen mit 45,7 Prozent in der Unterzahl.

In vielen Branchen gibt es einen großen Unterschied zwischen der Anzahl beschäftigter Frauen und Männer. Und nicht nur das: Unterschiede bestehen auch in der Bezahlung. In kaum einem anderen Land Europas ist die Kluft beim Gehalt von Frauen und Männern so groß wie in Deutschland. Mit 22 Prozent liegt die sogenannte Gender-Pay-Gap deutlich über dem EU-Durchschnitt (16,3 Prozent). Laut einer Erhebung der EU-Kommission von 2017 ist die Lücke nur noch in Tschechien (22,5 Prozent) und Estland (26,9 Prozent) größer.

Innerhalb Deutschlands gibt es aber große regionale Unterschiede. Die Bundesagentur für Arbeit verfügt über Statistiken mittlerer Gehälter nach Geschlecht in den Städten und Landkreisen. Bis Erfurt verdienen Frauen brutto durchschnittlich in etwa gleich viel – in manchen Regionen sogar mehr als Männer. Aber nach Erfurt geht die Gehaltsschere mit jedem Kilometer der Linie 11 weiter auf.

Alle Regionen, in denen Frauen fast das gleiche Geld verdienen, liegen ausnahmslos im Osten. Im reicheren Süden dagegen haben die Frauen deutlich weniger auf dem Gehaltszettel als ihre männlichen Kollegen. Die größte Einkommensdifferenz entlang der Linie 11 findet man in Stuttgart. Dort verdienen Frauen im Mittel 1336 Euro weniger monatlich. Die Arbeitskultur aus der DDR wirkt laut einer Expertin nach. «Es gab nicht diese klassische Rolle der Hausfrau und Mutter. Stattdessen war es selbstverständlich, dass Frauen neben der Familie auch Karriere machen konnten», sagte Katharina Wrohlich, die am Deutschen Institut für Wirtschaftsforschung (DIW) in Berlin zur Gender-Pay-Gap forscht. Wie bereits beschrieben, ist die Kindertagesbetreuung im Osten besser ausgebaut und erleichtert Müttern den Berufsalltag.

Auf den Zugführerberuf hatte wohl aber auch diese besondere Stellung der Frau im DDR-Berufsalltag keine Auswirkung. Ich erinnere mich an ein Porträt, das ich 2012 über einen Berliner S-Bahn-Fahrer geschrieben habe. Er erzählte

EINKOMMEN

nach Geschlecht, in Euro

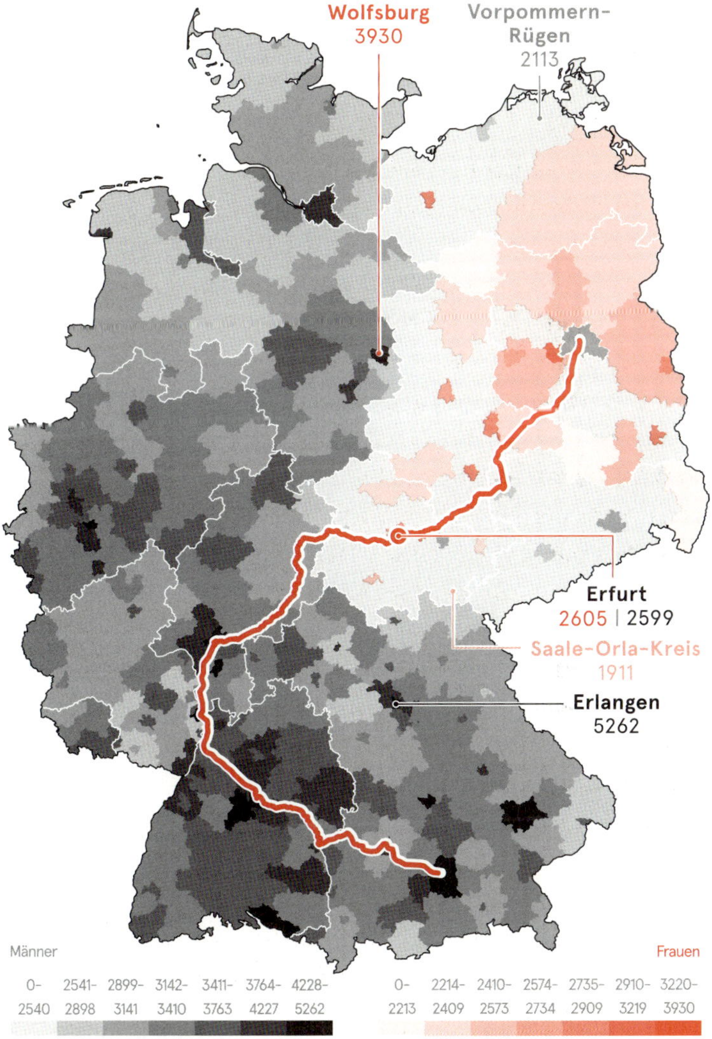

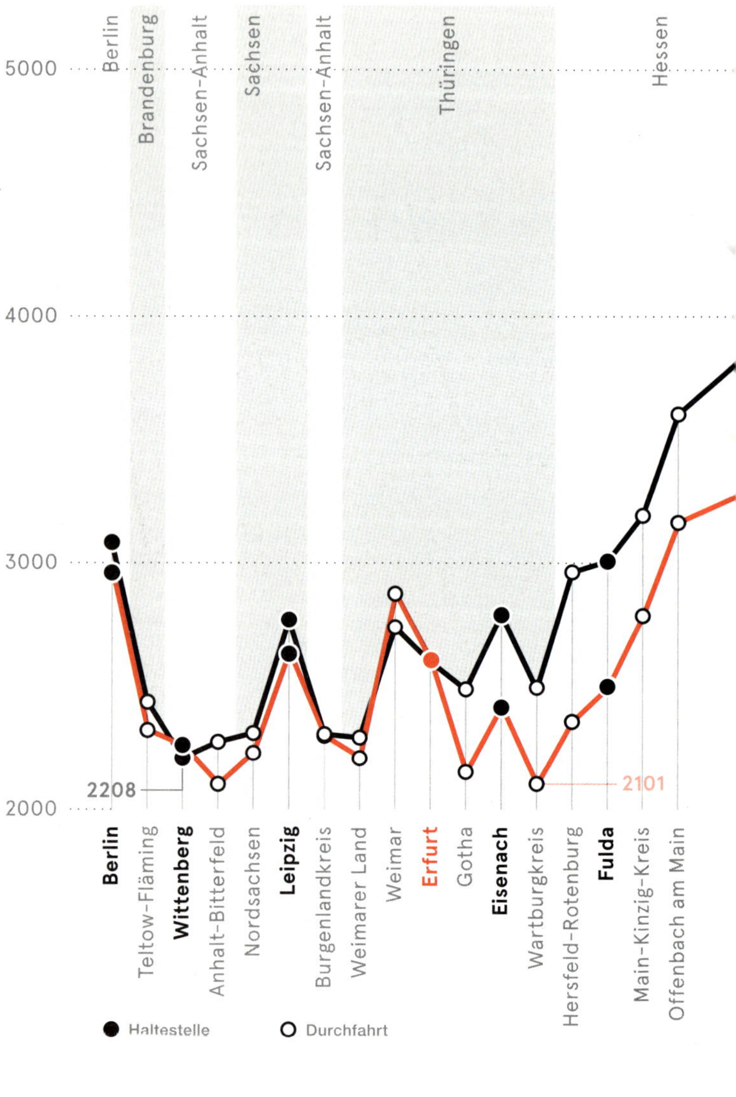
5000
4000
3000
2000
2208
2101
Berlin
Brandenburg
Sachsen-Anhalt
Sachsen
Sachsen-Anhalt
Thüringen
Hessen
Berlin
Teltow-Fläming
Wittenberg
Anhalt-Bitterfeld
Nordsachsen
Leipzig
Burgenlandkreis
Weimarer Land
Weimar
Erfurt
Gotha
Eisenach
Wartburgkreis
Hersfeld-Rotenburg
Fulda
Main-Kinzig-Kreis
Offenbach am Main
Haltestelle
Durchfahrt

EINKOMMEN

nach Geschlecht, in Euro

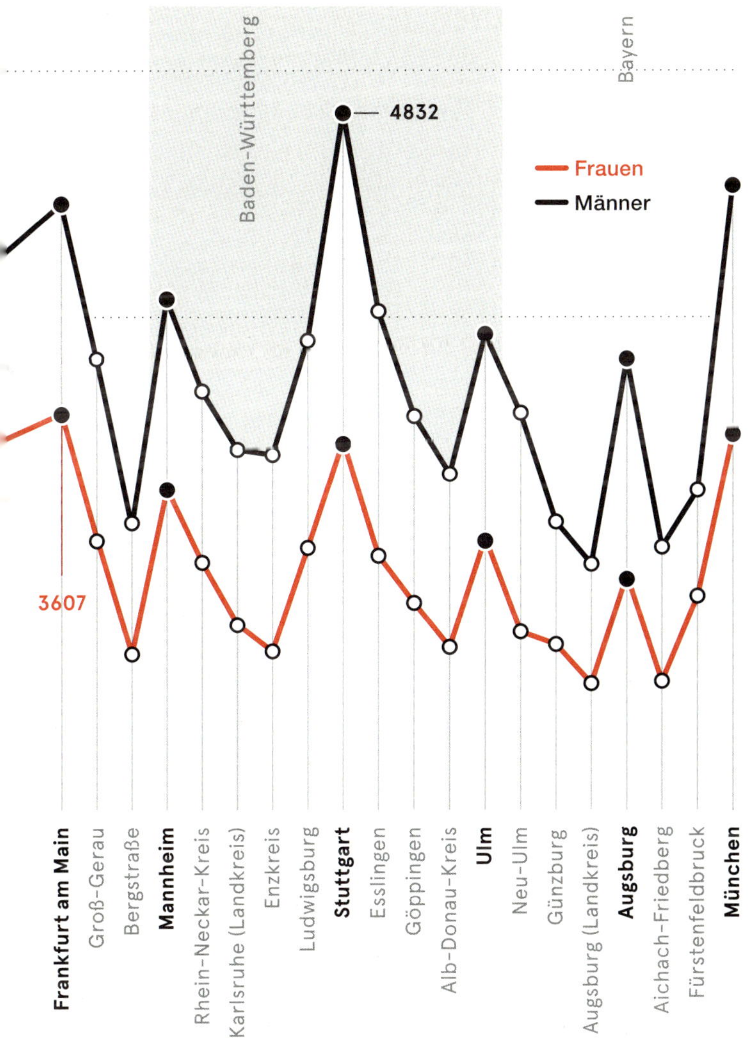

mir, wie er sich einen Kindheitstraum erfüllte. Immer schon habe er Lokführer werden wollen – wie so viele Jungs. Auf die Frage hin, ob ihn die S-Bahn nicht auf Dauer langweile und ob er nicht lieber Hochgeschwindigkeitszüge wie den ICE lenken wolle, verneinte er und sagte: «Bei Schnellzügen wird zu viel vom Computer gesteuert. Bei der S-Bahn macht man alles noch selbst.» Mittlerweile macht er eine Ausbildung zum Piloten – und hat somit immerhin ein paar Kolleginnen mehr an seiner Seite.

Kilometer 295

Landkreis Gotha

Autos, Haftpflicht, Leben: die Versicherungen der Deutschen

Wir erreichen Gotha nach knapp einem Drittel der Strecke. Gotha. Irgendwie ist mir der Name geläufig, aber ich komme nicht drauf, weshalb. Dafür hat man ja Suchmaschinen: Die Autovervollständigung zeigt «gotha schloss» und an zweiter Stelle schon «gotha versicherung».

Richtig, ich habe bei denen eine Auslandskrankenversicherung. In Gotha wurde im Jahr 1820 die erste oder – weil man das nicht mit hundertprozentiger Sicherheit sagen kann – zumindest eine der ersten Versicherungen auf dem europäischen Kontinent gegründet. Die Gothaer Versicherungsbank ist heute noch aktiv, wenn auch mit dem Hauptsitz Köln. In Gotha gibt es aber ein Versicherungsmuseum. Für zwei Euro Eintritt kann man dort laut Museumswebseite unter anderem Wimpel von Signal Iduna, Ergo und Allianz betrachten.

Die Deutschen versichern sich gerne. 431 Millionen Verträge haben sie derzeit laut dem Gesamtverband der Deutschen Versicherungswirtschaft (GDV) abgeschlossen. Das entspricht etwa fünf Verträgen pro Einwohner. 2387 Euro kostet das jeden Deutschen im Durchschnitt jährlich. Im

KFZ-HAFTPFLICHT

Kosten, als Index (100 = Durchschnitt)

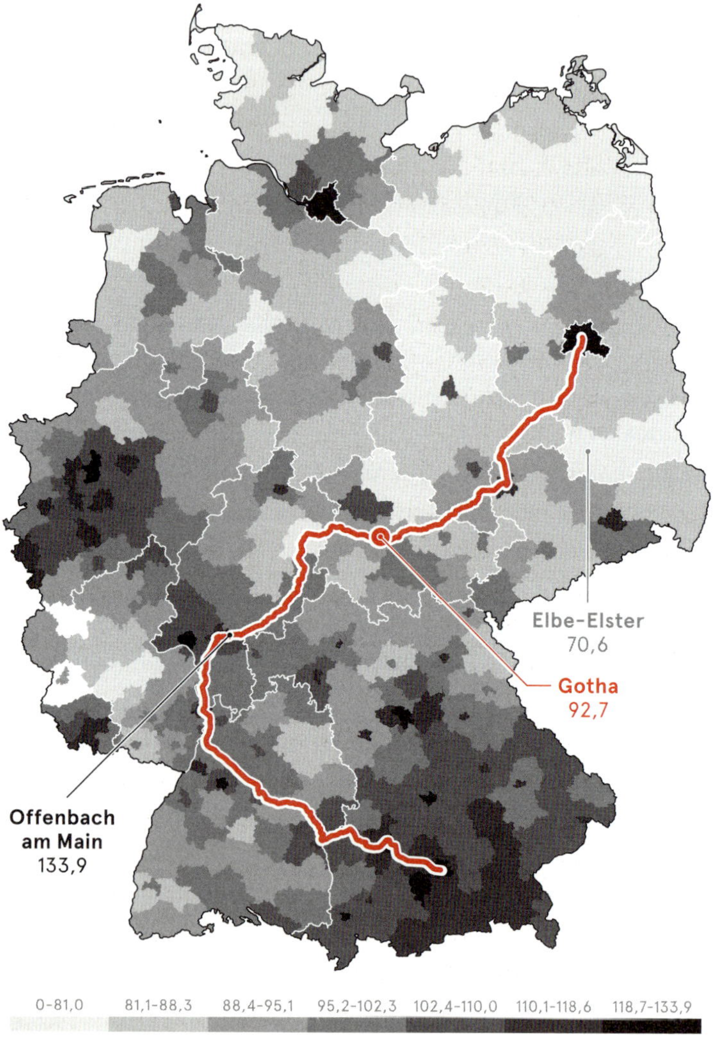

Europa-Vergleich liegt Deutschland laut dem Europäischen Versicherungsverband aber nur auf Platz 13. Auf den Plätzen 1, 2 und 3: Liechtenstein, Schweiz, Finnland.

Die drei häufigsten privaten Versicherungen der Deutschen laut GDV: 27,8 Millionen Kapitallebensversicherungen, 45,3 Millionen Haftpflichtversicherungen und 62 Millionen obligatorische Kfz-Haftpflichtversicherungen.

Die Haftpflicht für Fahrzeuge ist, wie der Name schon sagt, vorgeschrieben – und teilweise sehr teuer. Denn je nachdem, wo sie abgeschlossen wird, müssen Autofahrer unterschiedlich tief in die Tasche greifen. Die Höhe des Versicherungsbeitrags für ein Auto hängt neben der Fahrerfahrung und dem Autotyp vor allem von der sogenannten Regionalklasse ab. Diese wird von den Versicherern zentral festgelegt und berechnet sich daraus, wie viele und wie schwere Unfälle sich in einer Region ereignen. Entlang der Linie 11 werden hier Unterschiede deutlich sichtbar.

Grundsätzlich sind Autoversicherungen in Großstädten teurer. Das liegt an der erhöhten Anzahl von Verkehrsunfällen aufgrund der höheren Verkehrsdichte. Am meisten müssen Autofahrer in Offenbach am Main zahlen (Index 133,9). Dort ist die Kfz-Haftpflicht aufgrund der schlechten Schadensbilanz 33,9 Prozent teurer als im Deutschland-Durchschnitt (Index 100). Platz zwei belegt Berlin. Mit 32,4 Prozent über dem Durchschnitt ist die Hauptstadt fast so teuer wie der Spitzenreiter. Am wenigsten bezahlen Autofahrer in Hersfeld-Rotenburg für ihre Versicherung: Mit 20,3 Prozent unter dem Durchschnitt sind die Policen dort besonders günstig. Gotha liegt 7,3 Prozent unter dem Deutschland-Mittel und gehört damit zu den günstigeren Regionen.

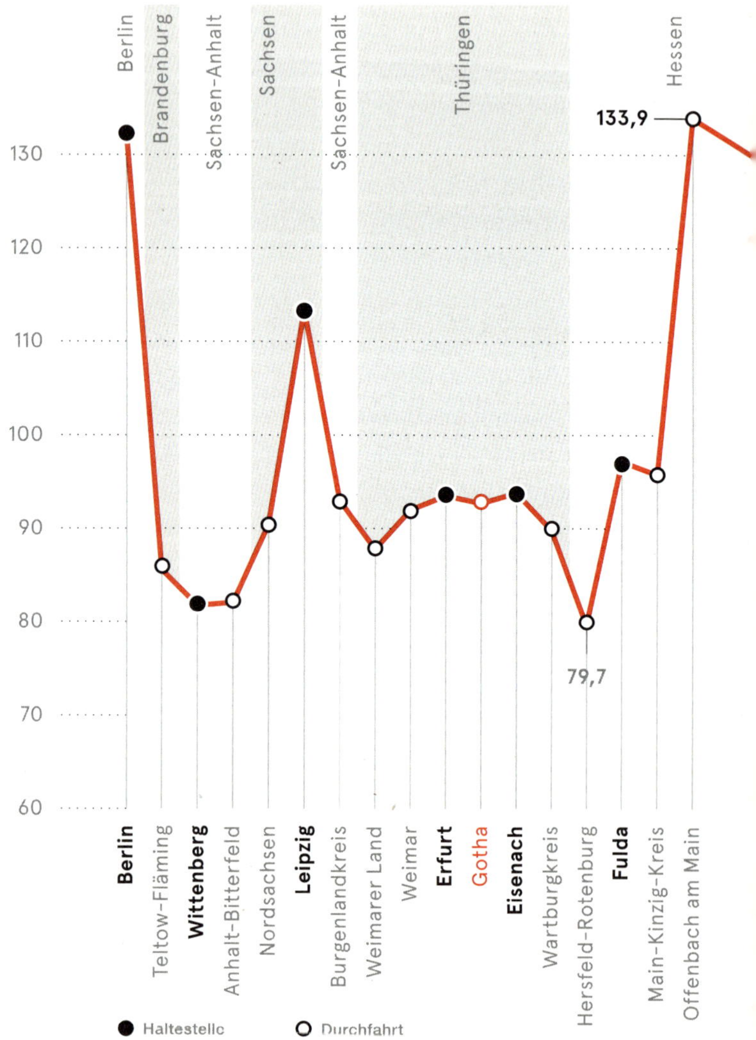

Berlin
Brandenburg
Sachsen-Anhalt
Sachsen
Sachsen-Anhalt
Thüringen
Hessen
133,9
130
120
110
100
90
80
70
60
79,7
Berlin
Teltow-Fläming
Wittenberg
Anhalt-Bitterfeld
Nordsachsen
Leipzig
Burgenlandkreis
Weimarer Land
Weimar
Erfurt
Gotha
Eisenach
Wartburgkreis
Hersfeld-Rotenburg
Fulda
Main-Kinzig-Kreis
Offenbach am Main
Haltestelle
Durchfahrt

KFZ-HAFTPFLICHT

Kosten, als Index (100 = Durchschnitt)

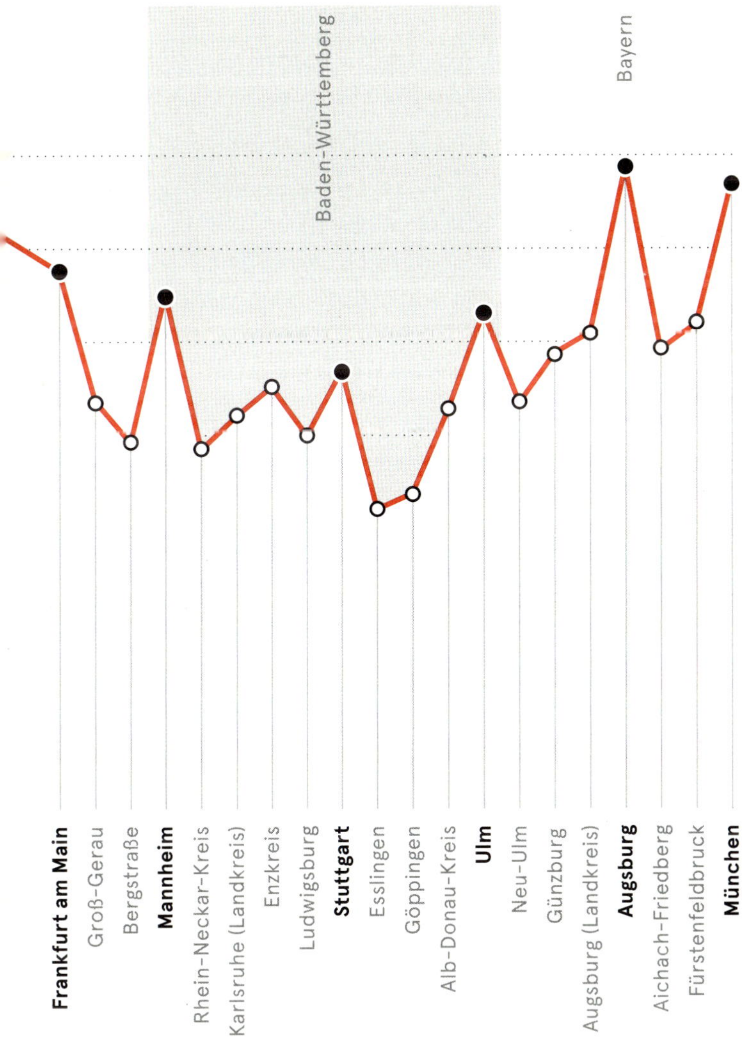

Um das Ganze etwas konkreter zu machen: Ein 40 Jahre alter Angestellter, der Alleinfahrer eines sieben Jahre alten Golf ist, müsste in Offenbach am Main 316 Euro jährlich zahlen, in Hersfeld-Rotenburg lediglich 201 Euro. Das geht aus Berechnungen des Preisvergleichsportals Verivox hervor. Demnach variieren auch die Preise in Berlin je nach Wohnadresse, obwohl dort nur eine Regionalklasse gilt. Das liegt daran, dass viele Versicherer noch weitere Daten auf Postleitzahlenebene in ihre Beitragsrechnung einfließen lassen.

Auch bei Kaskoversicherungen werden zusätzlich regionale Besonderheiten wie Sturm- und Hagelschäden und die Diebstahlhäufigkeit berücksichtigt. Das macht diese Versicherungen vor allem in einigen Regionen Ostdeutschlands teuer, weil dort überdurchschnittlich viele Autos gestohlen werden. Und auch im Süden müssen Autofahrer wegen oft winterlicher Straßenverhältnisse tiefer für ihre Kaskoversicherung in die Tasche greifen.

Kilometer 343
Eisenach, ab 12:36 Uhr

Gefährliches Rauschen

Im Wagen 3 ist es abgesehen von den Fahrgeräuschen gerade ziemlich ruhig. Keiner spricht. Die Leute lesen, wischen auf ihren Handys herum oder arbeiten. Dass wir gerade am Thüringer Wald vorbeifahren, entgeht auch einem Großteil meiner Mitreisenden. Viele haben sich wohl von den monotonen Geräuschen des fahrenden Zugs einlullen lassen und schlafen. Hier drin hat das Rauschen eher eine beruhigende Wirkung, ganz anders sieht es aus, wenn man an einer Bahnstrecke wohnt. Mancher Anwohner lebt nur wenige Meter von den Bahnschienen entfernt.

Das Eisenbahn-Bundesamt errechnet alle fünf Jahre den Umgebungslärm von Hauptverkehrsstrecken der Bahn. Demnach sind 773 616 Menschen auf einer Strecke von 16 500 Kilometern Gleisen einem sogenannten Tag-Abend-Nacht-Lärmpegel (LDEN, steht für Level Day–Evening–Night) von mindestens 65 Dezibel ausgesetzt. Auch 2087 Schulen und 250 Krankenhäuser sind betroffen. 86 518 Menschen müssen sogar mit 75 Dezibel – der höchsten Lärmkategorie – leben (189 Schulen und 17 Krankenhäuser). Das sind schon erhebliche Pegel, wenn man bedenkt, dass zehn zusätzliche Dezibel einer Verdopplung der empfundenen Lautstärke entsprechen.

Beim Bundesministerium für Umwelt heißt es zu den Gefahren des Lärms: «Aufgrund der Ergebnisse verschiedener wissenschaftlicher Studien wird befürchtet, dass Dauerbelastungen über etwa 65 dB(A) am Tag zu einem erhöhten Gesundheitsrisiko führen können. Nachgewiesen wurden Änderungen in Stoffwechsel und Hormonhaushalt, Änderung der Gehirnstromaktivität, aber auch schlechter Schlaf und Stresssymptome wie Hormonausschüttung. Langfristig kann dies zu hohem Blutdruck und Herzinfarkt führen.»

Stark betroffen ist unser nächster Halt Eisenach. Bis zu 40 000 Züge fahren laut Eisenbahn-Bundesamt jährlich hier vorbei, das entspricht fast fünf Zügen pro Stunde – am Tag und in der Nacht. Die Bahnlinie wurde 1845 direkt durch die Stadt gebaut. Das wirkt sich bis heute aus. Mehr als 1745 Menschen sind in Eisenach einem LDEN von 65 Dezibel und mehr ausgesetzt. Das entspricht 42 von 1000 Einwohnern und macht Eisenach entlang der Linie 11 zum lautesten Stadtkreis, was den Bahnlärm betrifft. Nur im Landkreis Hersfeld-Rotenburg sind noch mehr Menschen Bahnlärm ausgesetzt. Am niedrigsten ist der Wert im neuen Bahndrehkreuz Erfurt.

Auf der Karte ist das Bahnnetz ganz gut zu erkennen. Auffällig ist auch der sehr dunkle Fleck um das Mittelrheintal. Dort ist es so laut, weil der Schall im engen Flusstal bleibt.

Ähnlich ist es auch beim Eisenacher Ortsteil Neuenhof-Hörschel. «Der Lärm bei uns im Tal ist so laut, als würde permanent ein Rasenmäher laufen», sagt Gisela Büchner, Bür-

BAHNLÄRM

(>65 Dezibel), Betroffene pro 1000 Einwohner

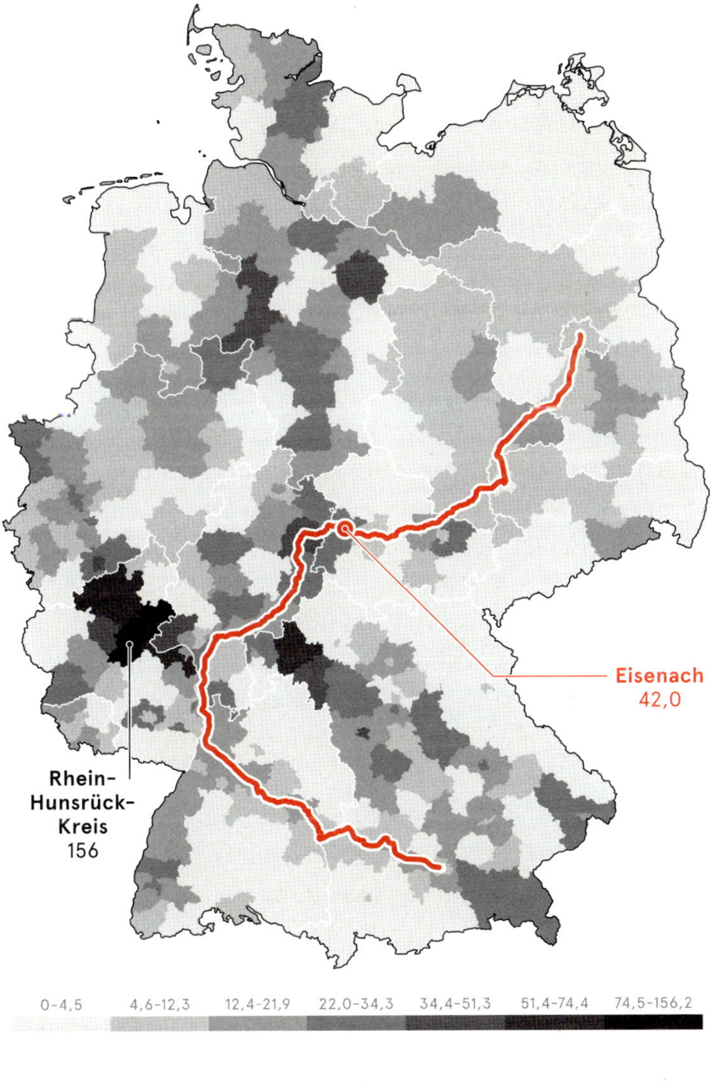

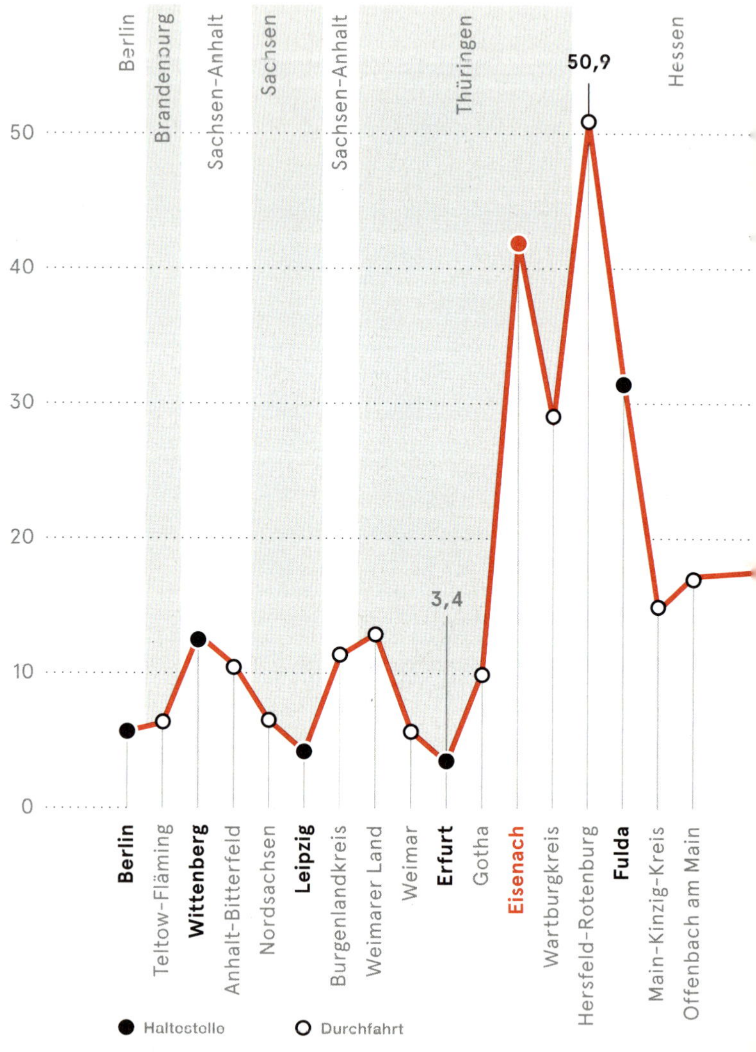

Berlin
Brandenburg
Sachsen-Anhalt
Sachsen
Sachsen-Anhalt
Thüringen
Hessen
50,9
3,4
50
40
30
20
10
0
Berlin
Teltow-Fläming
Wittenberg
Anhalt-Bitterfeld
Nordsachsen
Leipzig
Burgenlandkreis
Weimarer Land
Weimar
Erfurt
Gotha
Eisenach
Wartburgkreis
Hersfeld-Rotenburg
Fulda
Main-Kinzig-Kreis
Offenbach am Main
Haltestelle
Durchfahrt

BAHNLÄRM

(>65 Dezibel), Betroffene pro 1000 Einwohner

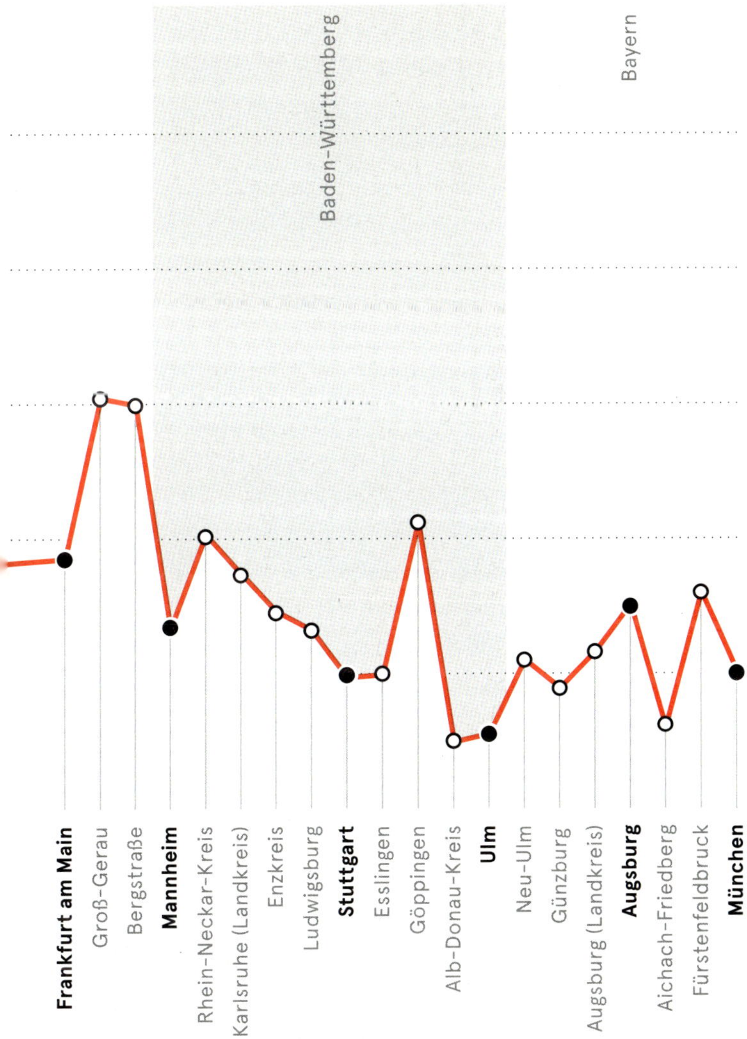

germeisterin des Ortsteils. Wenn ein Zug vorbeifahre, müsse man kurz aufhören zu sprechen, Fenster müssten in der Nacht geschlossen bleiben. Das beschauliche und früher noch ruhige Örtchen in Tallage liegt direkt an einer Bahnhauptverkehrsstrecke und unterhalb der Autobahn: Direkt über den Köpfen der Bewohner erstreckt sich die 85 Meter hohe und 732 Meter riesige Werratalbrücke, auf der die A4 verläuft. Mit dem Urlaubsverkehr nach der Grenzöffnung 1990 auf der Autobahn und kurze Zeit später mit der Inbetriebnahme der Bahnstrecke sei es losgegangen mit dem Lärm.

Für Neubaustrecken gelten strenge Lärmschutzauflagen, nicht aber für bereits bestehende Strecken wie in Hörschel, auch wenn der Verkehr dort ständig zunimmt. Als Gegenmaßnahme hat der Bund ein Lärmsanierungsprogramm beschlossen, und die Bahn will den Lärm bis 2020 im Vergleich zum Jahr 2000 halbieren. Dafür werden Schallschutzwände errichtet und Lärmschutzfenster eingebaut. Bisher sind solche Nachrüstungen für rund 40 Prozent des 3700 Kilometer langen Netzes erfolgt. Außerdem sollen alle Güterzüge sogenannte Flüsterbremsen bekommen.

Abseits vom Lärm: Mit der Linie 11 fahren wir durch Nord, Süd, Ost, West – und jetzt auch fast genau durch die Mitte. Niederdorla, rund 22 Kilometer nördlich der Stadt gelegen, stellt ziemlich genau den geographischen Mittelpunkt Deutschlands dar. Ein Dresdner Ingenieur zog auf seinem Reißbrett jeweils eine Linie zwischen den Extrempunkten der Nord-Süd- und der Ost-West-Ausdehnung Deutschlands. Auf dem Schnittpunkt der beiden Linien lag Niederdorla. Daher ist Eisenach der optimale Treffpunkt für Familientreffen, sollten alle Teilnehmer, die nicht selten über das gesamte

Bundesgebiet verteilt leben, ungefähr einen gleich langen Anfahrtsweg haben. Denn der Wermutstropfen – Verkehrslautstärke – geht eben auch mit einer sehr guten Anbindung einher.

Kilometer 362

Landkreis Wartburgkreis

Breitbandmangel

Der Wagen, in dem ich sitze, ist als Handybereich ausgewiesen. Früher habe ich immer den Ruhebereich gebucht. Aber dort ist es sowieso nicht wirklich ruhig, und hier hat man wenigstens besseren Empfang. In Handybereichen sind sogenannte Mobilfunk-Repeater verbaut, die das Signal verstärken, weil es sonst kaum durch die Karosserie dringt.

Diese Aufteilung der Waggons gibt es seit 1999. Als der ICE 1991 auf die Strecke ging, war der Handyempfang noch kein großes Thema, nur wenige Menschen besaßen ein Mobiltelefon. Damit der Durchschnittsbahnfahrer trotzdem nicht völlig von der Außenwelt abgeschnitten war, gab es Telefonzellen in der ersten ICE-Generation. Dort konnte man mit Telefonkarte im C-Netz telefonieren. Und man konnte sogar angerufen werden. Jeder ICE war mit einer eigenen Nummer in einer Art Telefonbuch verzeichnet. Würden die Telefonzellen heute noch stehen, hätte man uns unter der 0161 3 625 510 erreichen können. Gemeldet hätte sich ein automatischer Anrufbeantworter, der vom Zugführer abgehört wurde. Dann hätte er unseren Namen über die Sprechanlage ausrufen können.

Auch kostenloses WLAN war damals noch in weiter Ferne. 1991 – gleichzeitig mit dem Start der ICE in Deutschland – ging auch die erste Webseite online, die nur Computernerds und Wissenschaftler auf ihren flimmernden Röhrenmonitoren laden konnten. Die Startseite war gerade einmal 2,8 Kilobyte (0,0028 Megabyte) groß. Heute verbraucht jeder Fahrgast pro Fahrt 25 Megabyte Daten, denn laut eigenen Bahnangaben laden die 1,6 Millionen ICE-Passagiere wöchentlich insgesamt 40 Terabyte (40 000 000 Megabyte) hoch und runter. Je nachdem, wie viele Passagiere gleichzeitig im WLAN sind, und je nach Netzabdeckung außerhalb des Zugs funktioniert das Internet besser oder schlechter.

Kurzer Geschwindigkeitstest mit meinem Rechner: 0,6 Megabit pro Sekunde. Das reicht nicht, um Mediathek-Angebote oder Netflix zu nutzen.

Mit solchen Problemen haben viele Anwohner im Wartburgkreis, durch den wir gerade fahren, zu kämpfen. Lediglich die Hälfte (53,3 Prozent) der hier lebenden Menschen kann einen Breitbandanschluss mit Geschwindigkeiten von mindestens 50 Megabit pro Sekunde nutzen. Damit zählt der Wartburgkreis zu den am schlechtesten mit schnellem Internet versorgten Regionen entlang der Linie und ganz Deutschlands.

Während das Streamen von HD-Filmen mit fast vollständigen Breitband-Netzabdeckungen in Städten kein Problem ist, müssen sich vor allem dünnbesiedelte Gebiete mit quälend langsamen Internet zufriedengeben. Derzeit werden die Daten meist noch über das vorhandene Kupferkabelnetz geschickt. Und bei der Glasfaserversorgung liegt Deutschland im Vergleich mit anderen europäischen Ländern laut

BREITBANDVERFÜGBARKEIT

(>50 MBit/s) in Prozent aller Haushalte

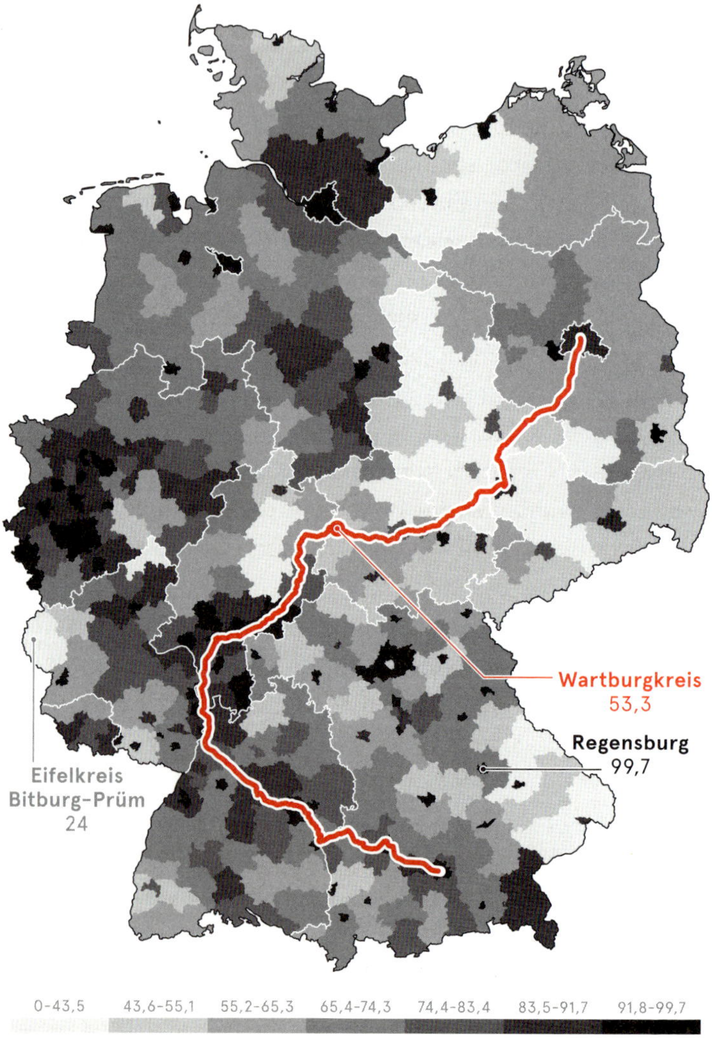

einer Bertelsmann-Studie weit abgeschlagen auf Platz 28 von 32.

Die Daten entlang der Linie machen außerdem deutlich, dass langsames Internet vor allem in ländlichen Regionen in den neuen Bundesländern ein Problem ist. Im Westen ist der Ausbau auch auf dem Land deutlich weiter vorangeschritten.

Laut Breitbandatlas des Bundesverkehrsministeriums haben im Wartburgkreis nur 23,2 Prozent der Haushalte Zugang zu schnellem Internet – ein extrem niedriger Wert. Auf Nachfrage stellte sich aber heraus, dass der Wert veraltet war. Auch wenn der neue Wert doppelt so groß ist, der Wartburgkreis steht exemplarisch für die schlechte Breitbandversorgung im ländlichen Raum.

Mirko Klich, Amtsleiter Kreisplanung im Wartburgkreis, erklärt, dass es sich für Telekommunikationsunternehmen häufig wirtschaftlich schlicht nicht lohne, alle Häuser in ländlichen Regionen ans Breitbandnetz anzuschließen. Aber seit der Bund mit dem Förderprogramm eingesprungen sei, werde massiv ausgebaut. Eigentlich hat sich die Bundesregierung zum Ziel gesetzt, bis 2018 jeden einzelnen Haushalt in Deutschland mit schnellem Internet zu versorgen. Dass bis zu diesem Stichtag alle Haushalte im Wartburgkreis und auch in Deutschland mit Breitband versorgt sein sollen, sieht Klich aber als kaum machbar an.

Viele Orte sind zurzeit noch meilenweit davon entfernt. Lediglich drei Viertel (76,9 Prozent) aller deutschen Haushalte verfügen bisher über schnelles Internet. Dass sich die Versorgungslücken auf dem Land langsamer schließen, liegt vor allem an den dafür notwendigen Mitteln. «Die Regionen treiben den Ausbau aber auch mit unterschiedlich starkem

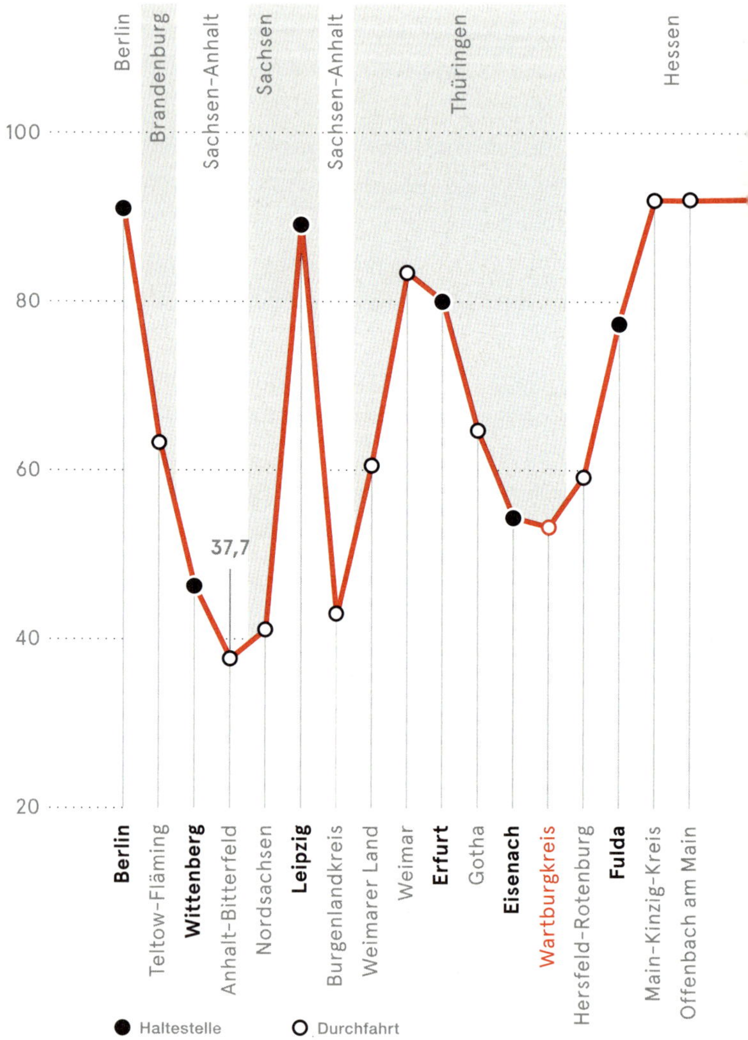

Berlin
Brandenburg
Sachsen-Anhalt
Sachsen
Sachsen-Anhalt
Thüringen
Hessen
100
80
60
40
20
37,7
Berlin
Teltow-Fläming
Wittenberg
Anhalt-Bitterfeld
Nordsachsen
Leipzig
Burgenlandkreis
Weimarer Land
Weimar
Erfurt
Gotha
Eisenach
Wartburgkreis
Hersfeld-Rotenburg
Fulda
Main-Kinzig-Kreis
Offenbach am Main
Haltestelle
Durchfahrt

BREITBANDVERFÜGBARKEIT

(>50 MBit/s) in Prozent aller Haushalte

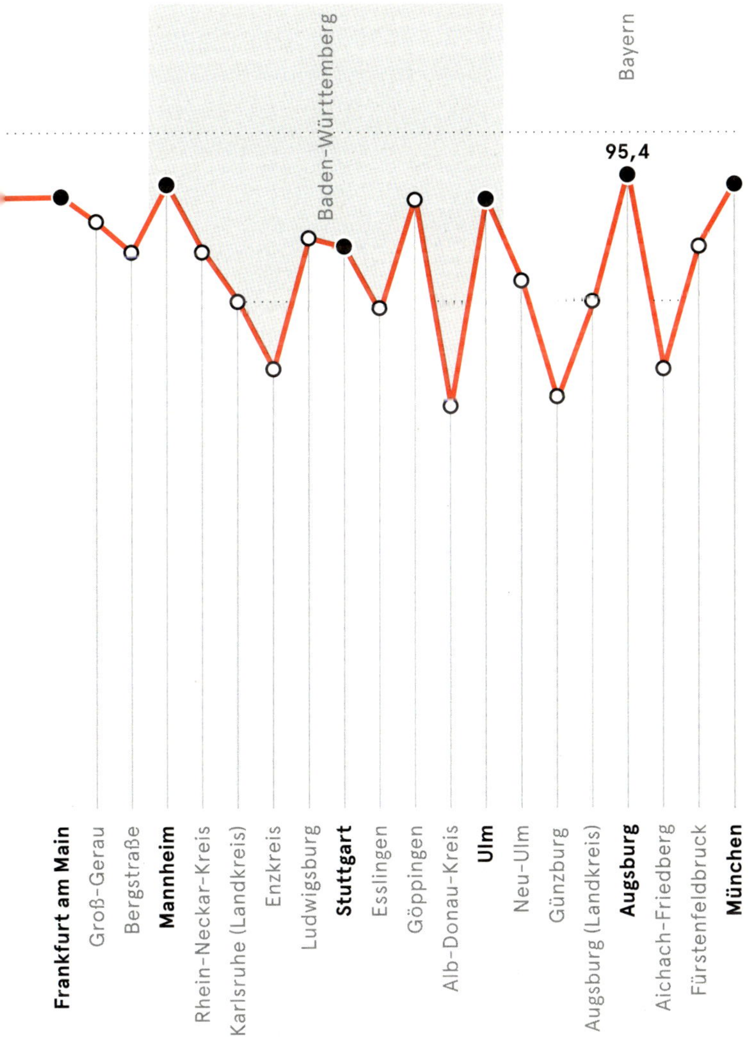

Engagement voran», erklärt Ronald Freund, Abteilungsleiter für photonische Netze und Systeme am Fraunhofer-Institut.

Wenn wir nun an die erste Webseite 1991 zurückdenken und die immer schnellere technische Entwicklung betrachten, was wird dann wohl in den nächsten 25 Jahren kommen? Technologien wie selbstfahrende Autos oder das Internet der Dinge benötigen zukünftig weit höhere Geschwindigkeiten, die lediglich mit Glasfaser und Bandbreiten um ein Gigabit (1000 Megabit pro Sekunde) möglich sind.

«Jedes Jahr steigen die benötigten Datenraten um bis zu 50 Prozent», verdeutlicht Freund das Wachstum und erklärt es am Beispiel des autonomen Fahrens. «Man braucht zukünftig sehr hohe Bitraten und möglichst geringe Verzögerungen der Datenlieferung. Wenn ein selbstfahrendes Auto etwa mit 100 Stundenkilometern unterwegs ist und eine Information nur eine Sekunde zu spät kommt, ist das Auto schon 28 Meter weitergefahren.»

Die letzte Gemeinde im Wartburgkreis ist Großensee. Mit 185 Einwohnern ist es die kleinste Gemeinde entlang der gesamten Route. Dort haben von 116 Haushalten lediglich 6,3 Prozent einen Breitbandzugang. Diese sieben Einfamilienhäuser können sich glücklich schätzen. Der Rest des Ortes ist derzeit fast komplett von der Digitalisierung abgeschnitten. Per Telemedizin, also Operationen über das Internet, wird in Großensee wohl so schnell niemand behandelt werden.

Kilometer 369

Landkreis Hersfeld-Rotenburg

500 Meter machen den Unterschied

Mitten in der Landschaft steht ein hellgrauer Berg mit einem exakt horizontalen Plateau. Es handelt sich um den «Monte Kali». Die Suchmaschine sagt: Monte Kali – oder auch Kalimandscharo genannt – ist ein künstlicher, mehr als 200 Meter hoher Berg aus Millionen Tonnen aufgeschüttetem Salz.

Während ich mir Details zu der ungewöhnlichen Sehenswürdigkeit durchlese, verpasse ich, wie wir die ehemalige innerdeutsche Grenze überqueren. Entlang der Linie 11 verlief diese zwischen Untersuhl (Thüringen) und Obersuhl (Hessen).

Dieser ehemalige Grenzabschnitt zählt zu den kuriosesten, reichte doch die Grenze dort damals bis unmittelbar an bewohnte Häuser heran. Was sich heute niemand mehr vorstellen kann: Etliche Obersuhler mussten früher sogar das DDR-Gebiet mehrmals täglich passieren, um ihre hessischen Wohnungen verlassen oder betreten zu können.

Auf dem ehemaligen Sperrgebiet erstreckt sich inzwischen ganz unspektakulär ein Gewerbepark, die Bahnstrecke führt über dieselbe Trasse wie vor 1990, inzwischen natürlich ohne die massive Grenzsicherung. Einer der vielen Grenzwachtürme ist bis heute erhalten geblieben und wurde in einen Lehrpfad über die deutsch-deutsche Teilung integriert.

Aber all dies heutzutage aus einem Hochgeschwindigkeitszug wahrzunehmen, ist nahezu ausgeschlossen. Oberflächlich betrachtet hat sich viel getan, ist die Optik einheitlicher geworden im ehemals geteilten Deutschland.

Allerdings zeigen viele Statistiken, wie bereits erwähnt, noch einen deutlichen Ost-West-Unterschied, insbesondere im Wahlverhalten. Bei der Bundestagswahl 2017 stimmte in Leipzig zum Beispiel knapp ein Viertel der Wahlberechtigten für Die Linke, wenige Kilometer weiter, in Hersfeld-Rotenburg, schaffte es diePartei nur knapp über die Fünf-Prozent-Hürde.

Die beiden Ortsteile Untersuhl (Gemeinde Gerstungen) und Obersuhl (Gemeinde Wildeck) sind nur 500 Meter Luftlinie voneinander entfernt. Problemlos kann heutzutage jeder den jeweiligen Nachbarort in wenigen Minuten zu Fuß erreichen. Die Orte trennen nur wenige Meter, aber die politischen Ansichten der Bewohner gehen weit auseinander. Vergleicht man lediglich die Gemeindeergebnisse, dann wählen in Gerstungen (Thüringen) 15,6 Prozent der Wahlberechtigten Die Linke, während diese Partei in der Ortschaft Wildeck (Hessen) lediglich 5,7 Prozent der Stimmen auf sich vereinen kann. Bei der vergangenen Bundestagswahl wählten 9,2 Prozent der Wähler deutschlandweit mit ihrer Zweitstimme Die Linke.

Solche regionalen Besonderheiten lassen sich übrigens für jede Partei konstatieren: Entlang der Linie 11 hat die Union ihre Hochburg im bayerischen Günzburg (41,5 Prozent), die

LINKE-WÄHLER

in Prozent (Zweitstimmen, Bundestagswahl 2017)

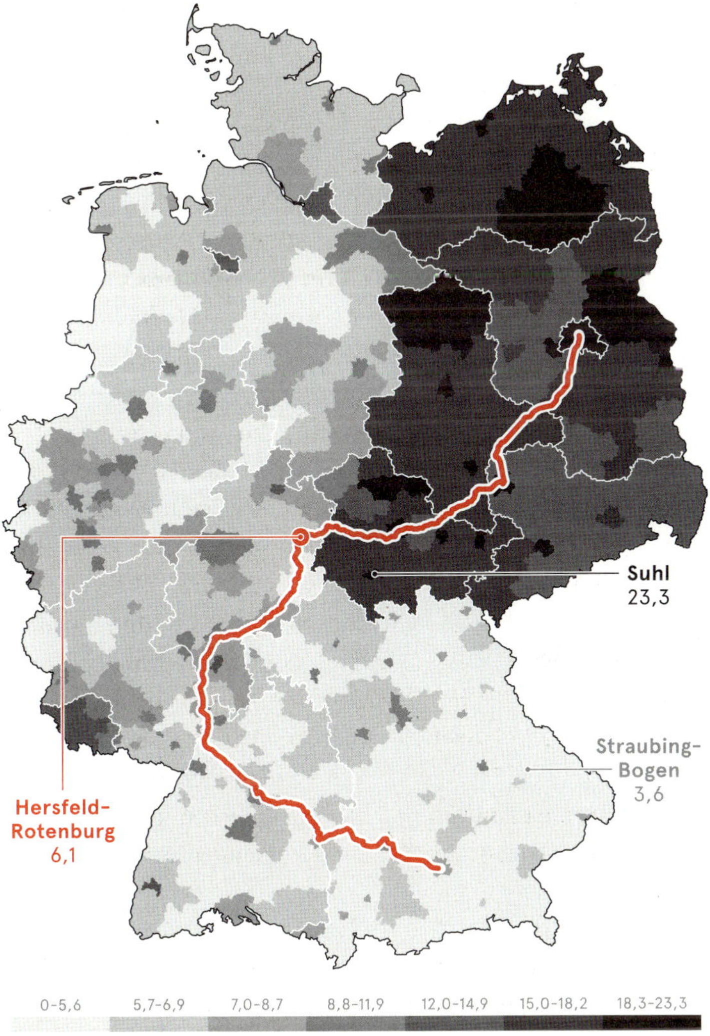

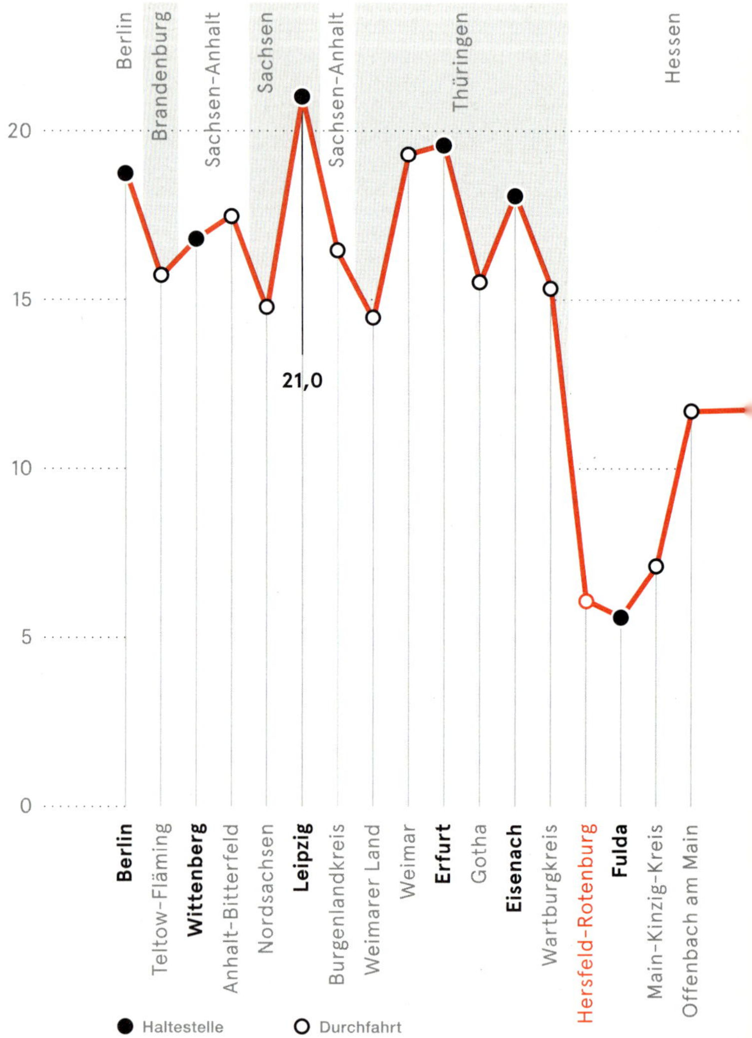
Berlin
Brandenburg
Sachsen-Anhalt
Sachsen
Sachsen-Anhalt
Thüringen
Hessen
20
15
10
5
0
21,0
Berlin
Teltow-Fläming
Wittenberg
Anhalt-Bitterfeld
Nordsachsen
Leipzig
Burgenlandkreis
Weimarer Land
Weimar
Erfurt
Gotha
Eisenach
Wartburgkreis
Hersfeld-Rotenburg
Fulda
Main-Kinzig-Kreis
Offenbach am Main
Haltestelle
Durchfahrt

LINKE-WÄHLER

in Prozent (Zweitstimmen, Bundestagswahl 2017)

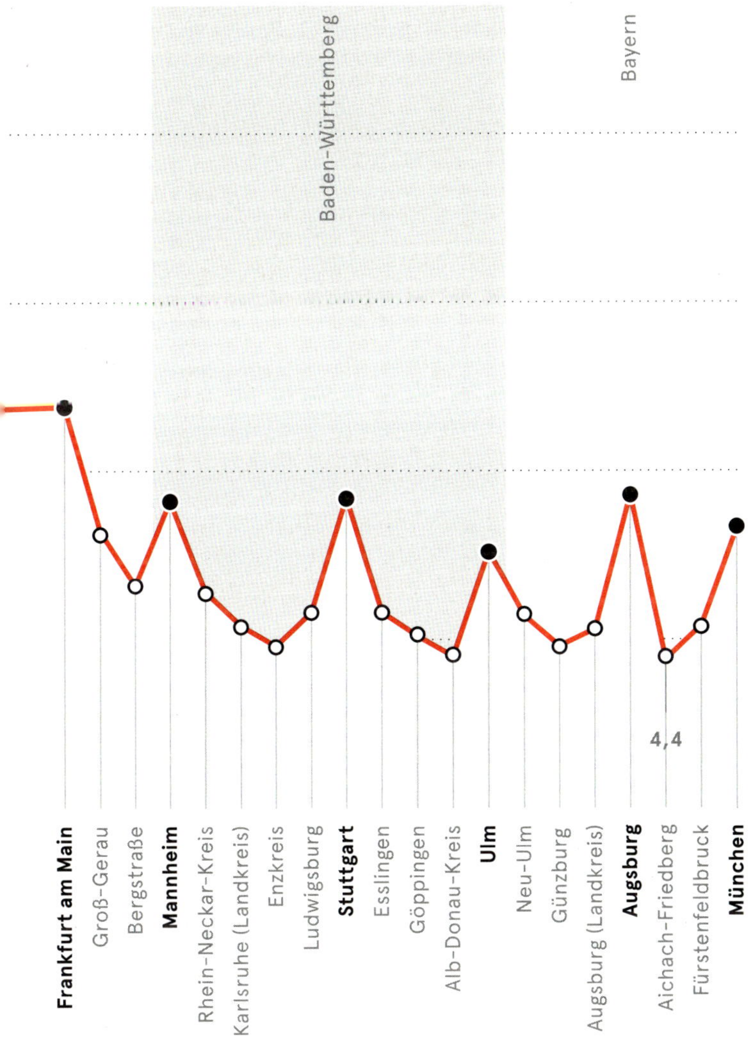

SPD kommt in Hersfeld-Rotenburg mit 31,7 Prozent auf ihr bestes Ergebnis. In Nordsachsen punktet vor allem die AfD mit 26,9 Prozent, Stuttgart ist Hochburg sowohl der FDP (15,2 Prozent) als auch der Grünen (17,6 Prozent).

Kilometer 440

Fulda Hbf., ab 13:27

Warum der Aldi-Äquator nicht als Nord-Süd-Grenze taugt

Nach dem «Monte Kali» fahren wir im weiteren Verlauf noch an «Hermannspiegel» und «Sieglos» vorbei. Letzterer Ort ist wohl dazu verdammt, niemals eine Sportmannschaft aufzustellen – es sei denn, die Sportler und Sportlerinnen besitzen eine große Portion Selbstbewusstsein. An «Linsengericht» (Hessen), «Katzenhirn» (Bayern) oder «Alf» (Rheinland-Pfalz) reichen die beiden aber nicht heran – und auch nicht an «Kuchen», den wohl schrägsten Gemeindenamen entlang der Linie 11 im Kreis Göppingen.

Abgesehen von den ungewöhnlichen Ortsnamen steht die Gegend für eine ganz andere Kuriosität: Bis hierher gehen die Anwohner der Bahnstrecke bei Aldi Nord einkaufen. Die letzte Filiale, an der wir vor wenigen Kilometern vorbeigefahren sind, befand sich in der Gemeinde Hünfeld. Ab Fulda beginnt das Verbreitungsgebiet von Aldi Süd, kurz nach dem Hauptbahnhof sieht man deutlich die Werbefahnen auf der Strecke. Wir haben soeben den Aldi-Äquator überquert – und damit kurz nach der ehemaligen innerdeutschen Grenze nun auch eine neue, imaginäre Grenze.

ALDI NORD & ALDI SÜD

Filialen pro 100 000 Einwohner

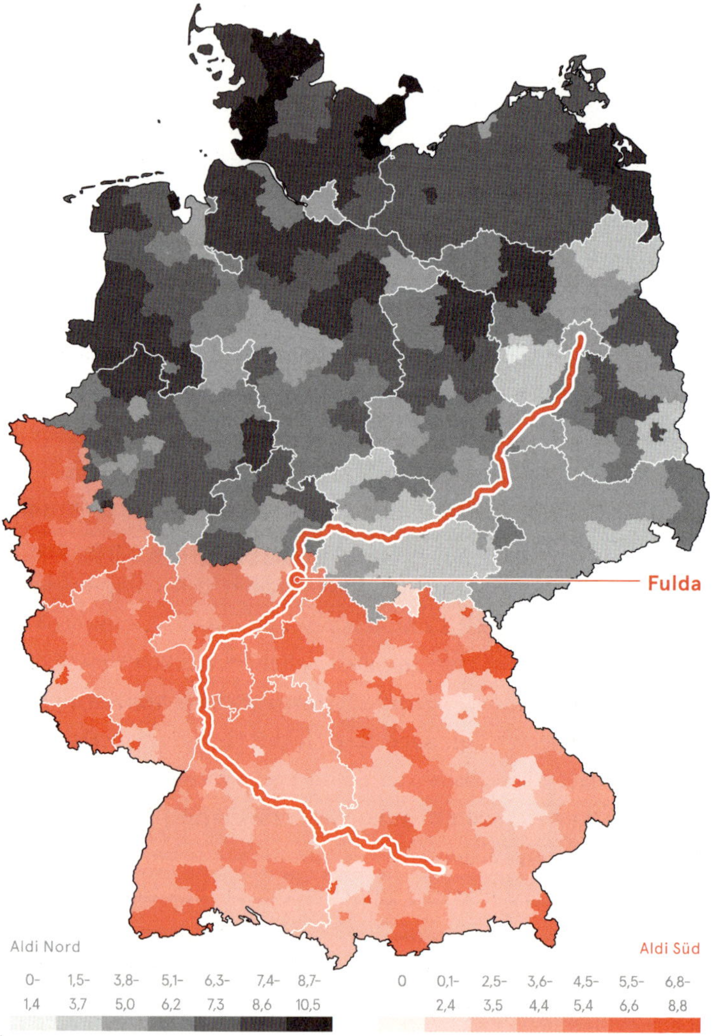

Aldi ist der größte Lebensmitteldiscounter in Deutschland. Laut eigenem Filialverzeichnis gibt es 4198 Aldi in Deutschland. Davon 2260 Aldi Nord und 1938 Aldi Süd. Legt man diese auf eine Karte, wird der Übergang in Fulda sofort sichtbar.

In den 60er Jahren teilten die Brüder Theo und Karl Albrecht («Al»brecht «Di»skont) alle Aldi-Filialen untereinander auf. Seither gibt es die gedachte Aldi-Grenze vom Niederrhein im Westen bis zur tschechischen Grenze im Osten. Laut Unternehmensangaben habe man dabei darauf geachtet, die Bevölkerungsteile so zu verteilen, dass beide die gleiche potenzielle Zahl an Kunden hatten. Das gilt auch heute noch.

Kann Deutschland also anhand des Aldi-Äquators in Nord und Süd eingeteilt werden? Eher schwierig. Denn Sachsen und Thüringen kann man nun wirklich nicht zum Norden zählen.

Eine weitere nichtphysische Grenze, die die Bevölkerung ziemlich exakt in zwei Hälften aufteilt, ist die sogenannte Uerdinger Linie. Sie folgt der sprachlichen Trennung zwischen Niederdeutsch und Mitteldeutsch. Im Norden heißt es icke, ek oder ik, südlich der Linie ech, ich oder isch. Als Süddeutschland werden also die Bundesländer Bayern, Baden-Württemberg, Saarland, Rheinland-Pfalz, Hessen, Thüringen und Sachsen definiert. Folgt man dieser Aufteilung, wird es möglich, Unterschiede zwischen Norden und Süden aufzuzeigen.

Die flache Landschaft charakterisiert den Norden rein äußerlich am besten. Die Bedingungen sind optimal für Fahrradfahrer – aber offenbar auch für Fahrraddiebe. Im Jahr 2016 wurden 332486 Fahrräder in Deutschland laut Polizeilicher Kriminalstatistik als gestohlen gemeldet. Im Norden gab es mit 225 677 Anzeigen mehr als doppelt so viele wie im Süden (106 809). Das liegt aber nicht daran, dass die Nordlichter krimineller wären. Sie sind vielmehr in größerer Zahl aus eigener Kraft unterwegs. Da Fahrräder aber bekanntlich nicht meldepflichtig sind, gibt es keine Zahlen zur Verteilung in Deutschland. «Im Norden wird tendenziell mehr Fahrrad gefahren – und wo mehr Fahrrad gefahren wird, gibt es auch mehr Gelegenheiten für Fahrraddiebstahl», liefert Stephanie Krone vom Allgemeinen Deutschen Fahrrad-Club (ADFC) die simple Erklärung. Auffällig hoch sind die Diebstahlzahlen in Unistädten wie Münster – das bundesweit als *die* Fahrradfahrerstadt gilt. Dort werden deutschlandweit mit (1721 pro 100 000) am meisten Fahrräder gestohlen. Entlang der Linie 11 liegt Leipzig allerdings mit 1720 gestohlenen Fahrrädern pro 100 000 Personen nur knapp dahinter. Der geringste Wert entlang der Route: das Weimarer Land mit 45,1 Anzeigen pro 100 000 Einwohnern. Bei den Zahlen handelt es sich lediglich um die Anzeigen, nicht enthalten ist die Dunkelziffer, da viele ihr gestohlenes Fahrrad aus Mangel an Erfolgsaussicht überhaupt nicht melden.

In Norddeutschland wird mit 56,6 Prozent auch ein deutlich größerer Anteil des Landes für die Landwirtschaft genutzt als in Süddeutschland (46,9 Prozent). Ein Vergleich sticht da ganz besonders hervor: In deutschen Bauernhöfen werden 27,5 Millionen Schweine gehalten. Das Statistische Bundesamt führt regelmäßig Erhebungen durch, bei denen der Tierbestand gezählt wird. Die Säue und Eber sind aber nicht gleichmäßig über die Republik verteilt. Während im Norden 19,9 Millionen Schweine leben, sind es im Süden nur 7,3 Millionen – Stadtstaaten sind von der Zählung ausgenommen. In Niedersachsen gibt es mit 8 465 100 am meisten Schweine – sogar mehr als Einwohner. Laut dem Bundeslandwirtschaftsministerium ist Deutschland Europas größter Schweinefleischerzeuger. 2016 wurden 1,4 Millionen Tonnen Schweinefleisch produziert – 68 Prozent der gesamten Fleischproduktion. 38,2 Kilogramm Schweinefleisch werden pro Kopf in Deutschland jährlich verzehrt. Paradoxerweise steigt die Produktion immer weiter an, obwohl der deutsche Fleischkonsum zurückgeht; es gibt immer mehr Vegetarier oder Flexitarier – Menschen, die selten und bewusst Fleisch konsumieren. Das liegt unter anderem daran, dass Deutschland das Fleisch auch exportiert, vor allem nach China.

Exportweltmeister wurde Deutschland aber nicht durch Schweinefleisch, sondern durch die Kennzeichnung «Made in Germany». Diese gilt weltweit als anerkanntes Qualitätsmerkmal. Deutschland hat die hohe Nachfrage nach seinen Produkten unter anderem der Innovationsleistung und dem Technologievorsprung zu verdanken. Der Begriff Weltmarktführer wird je nach Datenanbieter unterschiedlich definiert. Das Institut für Länderkunde spricht basierend auf Daten des Beratungsunternehmens «WeissmanGruppe» von «Unternehmen, deren Umsatz oder Technologie eine führende Position auf dem Weltmarkt einnimmt». Etwa 1100 Unternehmen in Deutschland gelten laut den etwas älteren Zahlen aus dem Jahr 2011 als solche Weltmarktführer. Dazu gehören Großkonzerne wie Adidas, Daimler oder Siemens genauso wie kleinere Unternehmen, sogenannte Hidden Champions wie der Wagenhersteller Bizerba, der Pistenfahrzeugbauer

NORD – SÜD
im Vergleich

Fahrraddiebstähle
Anzahl

NORD	SÜD
225 677	106 809

Schweine
in Millionen

NORD	SÜD
19,9	7,3

Weltmarktführer
Anzahl

NORD	SÜD
361	755

Schulden
in Milliarden Euro

NORD	SÜD
420	170

Kässbohrer oder der Erfinder des Trinkwasserfilters, Brita. Auch hier zeigt sich ein starkes Nord-Süd-Gefälle. Im Norden gibt es 361 solcher Unternehmen, in Süddeutschland mehr als doppelt so viele: 755 Weltmarktführer sind hier angesiedelt. Allein 337 Unternehmen stammen aus Baden-Württemberg. Entlang der Linie 11 befinden sich die meisten Weltmarktführer in Ulm (6,6 pro 100 000 Einwohner).

Was sich bei der Verteilung der Weltmarktführer andeutet, zeigt sich bei der Verteilung der Schulden noch deutlicher. Die britische Zeitung «The Economist» beschreibt die wirtschaftliche Ungleichheit von Nord und Süd sogar als «Germany's new divide». Die Schulden der deutschen Bundesländer, insgesamt 590 Milliarden Euro, lassen sich entlang der gedachten Grenzen zwischen Nord- und Süddeutschland darstellen. Gründe dafür, mehr auszugeben als einzunehmen, gibt es viele: Manchmal wirtschaften Bundesländer schlecht, manchmal sind sie gemessen an den Aufgaben schlicht unterfinanziert, manchmal wollen Politiker wiedergewählt werden, und dieses Ziel lässt sich mit Schuldenmachen einfacher erreichen. Die Schulden der Länder sind in Deutschland ungleich verteilt. Der Norden ist mit 420 Milliarden Euro mehr als doppelt so hoch verschuldet wie der Süden (170 Milliarden Euro). Dies ist mit Blick auf die Weltmarktführer weiter oben wenig verwunderlich: Wirtschaftlich prosperierenden Ländern wie Baden-Württemberg und Bayern fällt es leichter, gut zu wirtschaften, als weniger prosperierenden wie Berlin oder Bremen. Schulden sind per se aber nichts Schlechtes, sie können auch Belege für einen fairen Umgang mit der kommenden Generation sein. Wenn nämlich Investitionen für eine bessere Zukunft sorgen sollen, muss ein Teil der

Kosten in Form von Zinsen und Tilgung auch von den künftigen Profiteuren und Entscheidern getragen werden. Entlang der Linie 11 hat wenig überraschend Berlin mit rund 46 Prozent vom Bruttoinlandsprodukt die höchsten Schulden, Ludwigsburg im Süden die geringsten (0,7 Prozent vom Bruttoinlandsprodukt).

Mentalitäten lassen sich natürlich nicht gut in Zahlen ausdrücken. Ein langjähriger Fernverkehrs-Zugchef erzählte mir zum Beispiel, dass sich seiner Erfahrung nach Reisende in Situationen wie etwa Verspätungen durchaus anders verhalten. Sein Urteil: «Im Norden sind die Menschen irgendwie entspannter.»

Kilometer 464

Landkreis Main-Kinzig-Kreis

Weintrinker überholen Biertrinker

Um 13:30 Uhr, durch die Verspätung nicht mehr ganz Mittagszeit, überschreiten wir die Grenze zum Main-Kinzig-Kreis. Ich habe Hunger und mache mich auf den Weg zu Wagen 8 – dem Bordrestaurant.

Hier ist nicht mehr viel los. Ich nehme gleich am erstbesten Tisch Platz und bestelle Chili con Carne und eine Cola. Direkt vor mir haben eine Frau und ihr Gegenüber dampfende Kaffeetassen vor sich und teilen sich einen Apfel-Streusel-Kuchen zum Nachtisch. Neben mir sitzen direkt hintereinander zwei Männer jeweils einzeln an ihren Tischen. Der erste, Anzug mit blauem und rot gepunktetem Einstecktuch, liest in einem Buch mit vergilbten Seiten und trinkt dazu Rotwein (ein Crianza, der teuerste Wein auf der Karte). Der andere Mann hat ein Erdinger Weißbier vor sich. Mit der Hand am Weizenglas schaut er aus dem Fenster.

2,1 Millionen Liter Bier wurden laut der Bahn 2016 im Fernverkehr getrunken, das entspricht einem Drittel des Oktoberfestverbrauchs. Außerdem wurden 200 000 Portionen Chili con Carne serviert – das beliebteste Gericht an Bord.

Deutschland ist traditionell als Biertrinkerland bekannt. Zum Entspannen am Feierabend, zum deftigen Essen und beim Ausgehen an den Wochenenden in den zahlreichen Kneipen oder in Bierzelten: 104 Liter werden hier laut der europäischen Brauervereinigung pro Kopf jährlich getrunken. Europaweit liegt mit 143 Litern nur noch Tschechien weiter vorn.

Obwohl es in Deutschland – auch entlang der ICE-Strecke – große Weinanbaugebiete gibt, die sehr gute Weine produzieren, liegt Deutschland beim Weinkonsum eher im Mittelfeld. Mit 29,3 Litern im Jahr pro Einwohner ab 16 Jahren liegt die Republik laut Zahlen der Organisation für Rebe und Wein (OIV), einer zwischenstaatlichen Regierungsorganisation, die Normen und Standards für Weinherstellung und -handel erarbeitet, weit hinter dem Nachbarn Frankreich mit 52,8 Litern.

Der Pro-Kopf-Verbrauch ist ein recht grobes Raster, das keine weitere Differenzierung zulässt. Einen Hinweis auf den regional unterschiedlichen Alkoholkonsum der Deutschen geben jedoch Daten aus der sogenannten Sortimentskaufkraft des Marktforschungsinstituts GfK. Die Zahl sagt etwas über das «Nachfragepotenzial einer Region für den stationären Einzelhandel und Versandhandel» aus, nicht über exakte Umsatzzahlen im Laden oder in der Gastronomie.

Zwischen Berlin und Fulda ist der Kaufkraftanteil für Bier höher als der für Wein. Ab dem Main-Kinzig-Kreis kehrt sich das Verhältnis um.

Entlang der Linie 11 investieren die Leipziger mit 22,4 Prozent über dem Durchschnitt (78,74 Euro pro Einwohner und Jahr) den größten Anteil. Genau umgekehrt verhält es sich

BIER UND WEIN

Sortimentskaufkraft, als Index

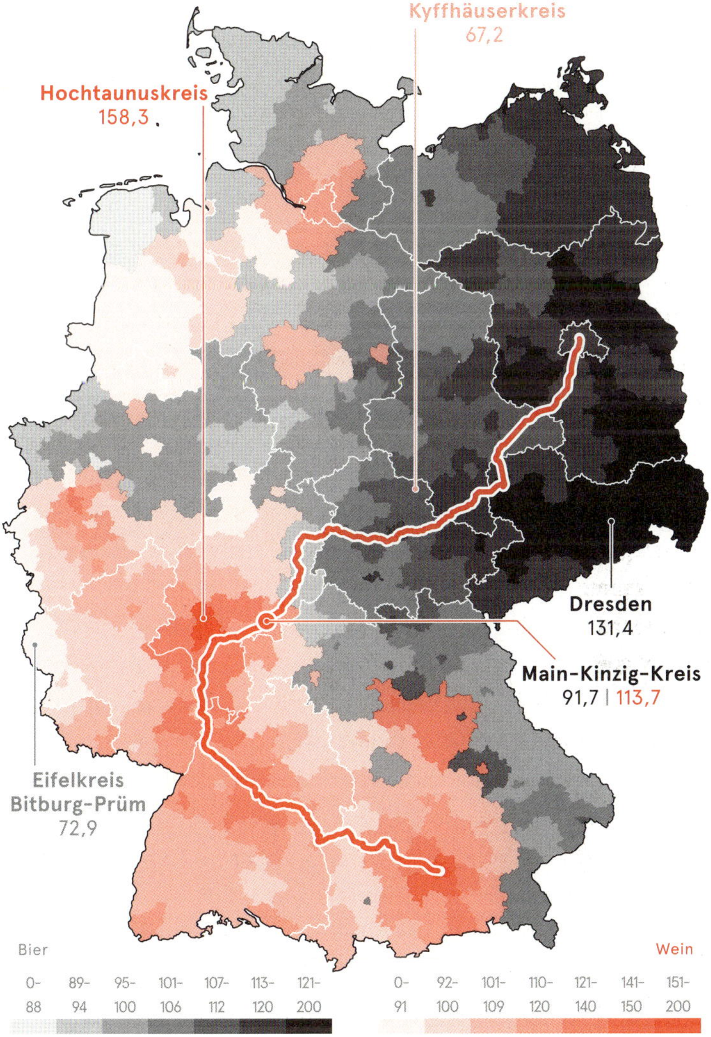

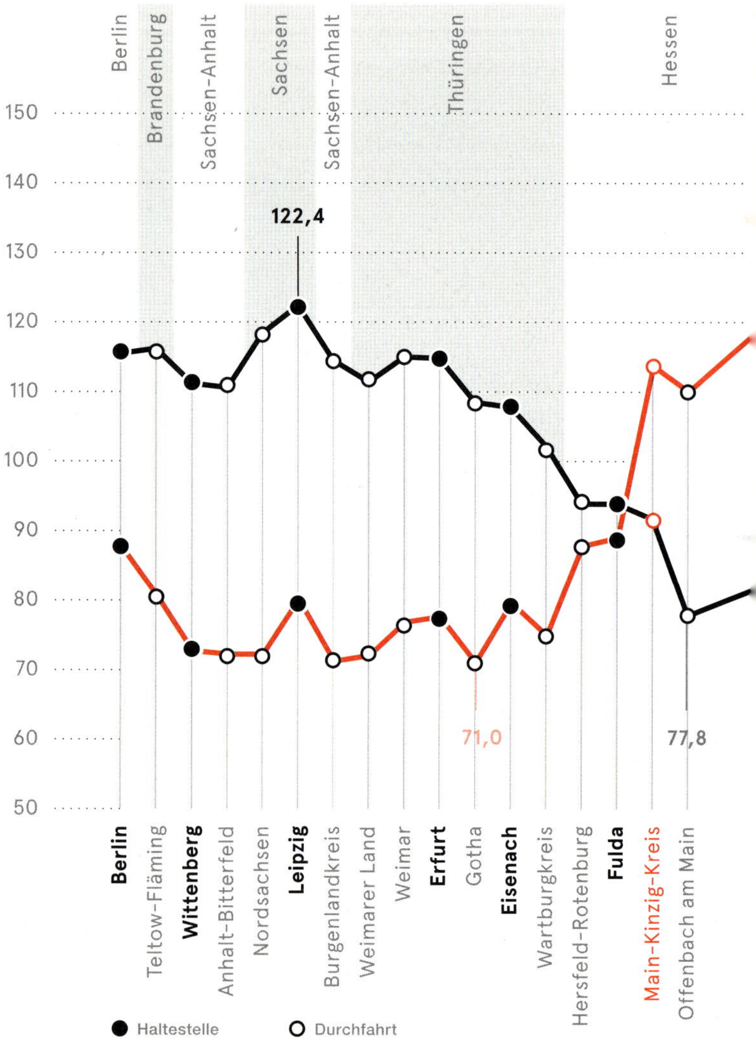
Berlin
Brandenburg
Sachsen-Anhalt
Sachsen
Sachsen-Anhalt
Thüringen
Hessen
150
140
130
120
110
100
90
80
70
60
50
122,4
71,0
77,8
Berlin
Teltow-Fläming
Wittenberg
Anhalt-Bitterfeld
Nordsachsen
Leipzig
Burgenlandkreis
Weimarer Land
Weimar
Erfurt
Gotha
Eisenach
Wartburgkreis
Hersfeld-Rotenburg
Fulda
Main-Kinzig-Kreis
Offenbach am Main
Haltestelle
Durchfahrt

BIER UND WEIN

Sortimentskaufkraft, als Index

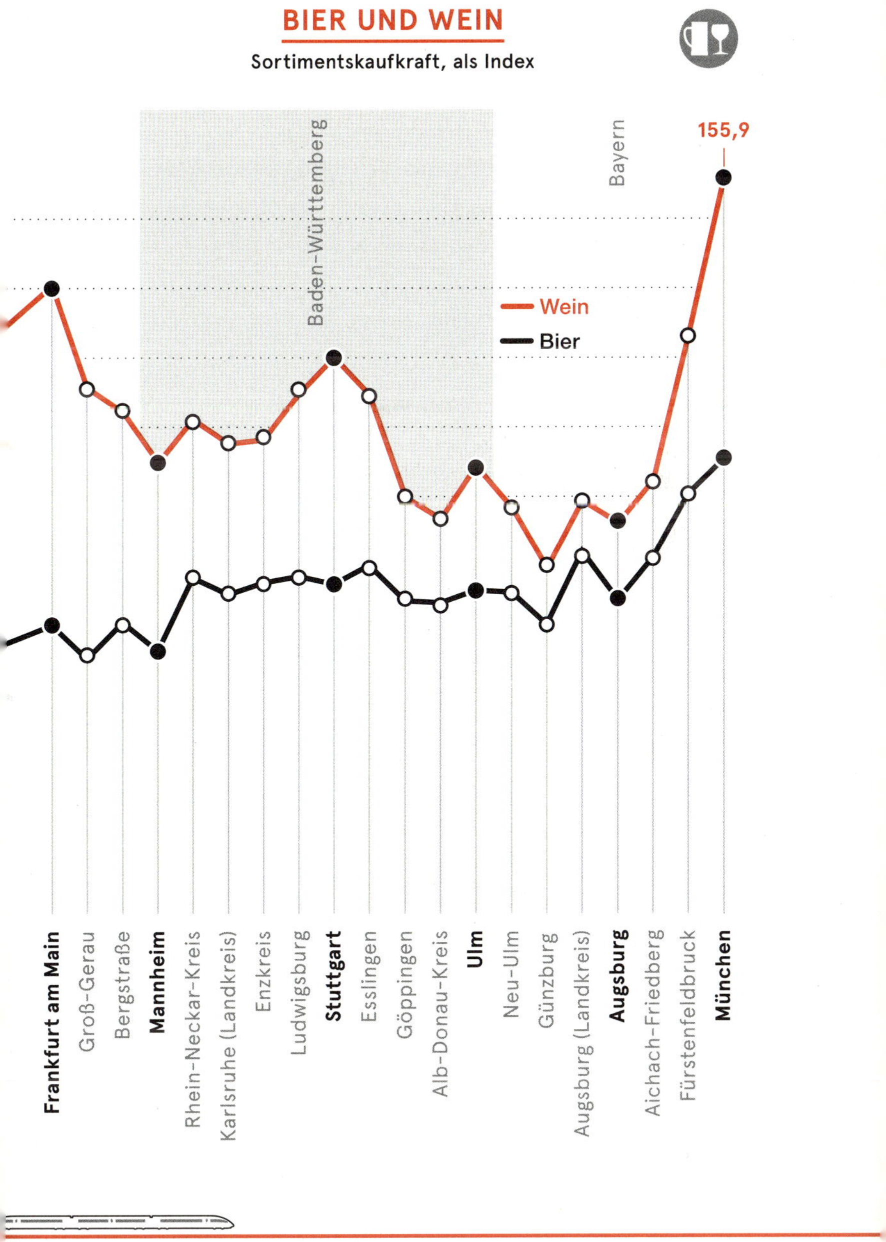

aber beim Wein. Rund um die Weinregionen Hessen und Baden-Württemberg bleiben die Ausgaben während der gesamten Fahrt auf hohem Niveau. Spitzenreiter bei den Weinausgaben ist München mit 55,9 Prozent über dem Landesschnitt (134,74 Euro pro Einwohner im Jahr).

Wird in Leipzig einfach nur mengenmäßig mehr oder eher teureres Bier gekauft? Leisten sich die Münchner häufiger ein Fläschchen Wein, oder greifen sie einfach zu hochpreisigen Spitzenweinen? Jascha Metin von der GfK erklärt: «Höhere durchschnittliche Pro-Kopf-Ausgaben in einer Region können dadurch entstehen, dass pro Käufer mehr ausgegeben wird für teurere Produkte oder dass mehr Einwohner in der entsprechenden Kategorie kaufen.»

Ob nun also wenige Leipziger teure Craft-Beer-Editionen kaufen oder Münchner flächendeckend zum Ein-Liter-Rotwein-Tetrapak greifen werden wir nicht nachvollziehen können.

Kilometer 530

Offenbach am Main

Bunte Republik

«In a few minutes we will arrive at Frankfurt main station.» Während wir noch durch Offenbach am Main rollen, kündigt der Zugführer die nächste Station an und verabschiedet sich in ziemlich perfektem Englisch von den Passagieren, die in wenigen Kilometern aussteigen werden. Von wegen «Senk ju for trävelling wis Deutsche Bahn».

Begonnen hat die Internationalisierung einst mit der Namensgebung des ICE, Intercity-Express. Der sollte nämlich eigentlich erst HGZ, Hochgeschwindigkeitszug, heißen. Aber lassen Sie das mal einen Briten aussprechen. Damit auch der Rest der Welt weiß, wann er aussteigen muss, gibt es die Ansagen auch auf Englisch. Allerdings ist die Größe des Zielpublikums unbekannt: Der Anteil der mit der Bahn reisenden Ausländer kann datenmäßig nicht erfasst werden.

Für die Anwohner neben der Strecke liegen aber detaillierte Zahlen vom Statistischen Bundesamt vor. Sieht man sich die Daten genauer an, erfährt man, dass der ICE gerade durch die bunteste Region der Republik fährt, zumindest was die Bevölkerungsdurchmischung angeht. Mit 33,6 Prozent ist Offenbach am Main die Stadt mit dem höchsten Ausländeranteil in Deutschland.

AUSLÄNDERANTEIL

in Prozent

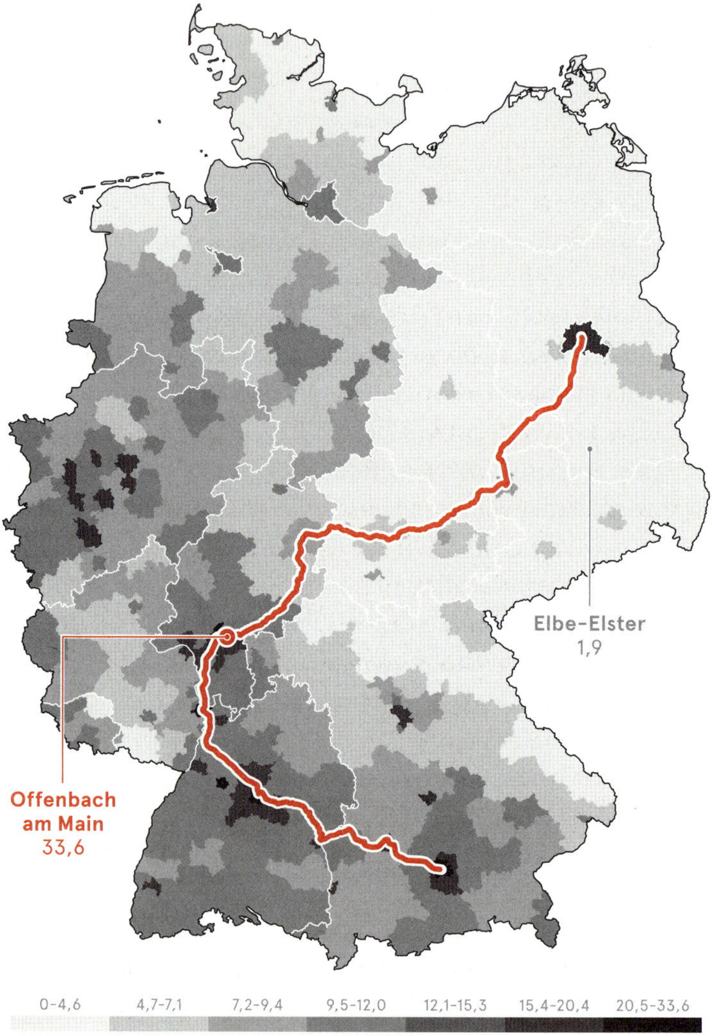

Wenige Kilometer zuvor lag der Ausländeranteil im ehemaligen Grenzgebiet Wartburgkreis noch bei gerade einmal 2,3 Prozent. Dies ist einer der niedrigsten Werte in ganz Deutschland. Innerhalb von weniger als 150 Kilometern steigt der Ausländeranteil somit um 1361 Prozent oder 31,3 Prozentpunkte bis zu dem Rekordwert in Offenbach am Main. Größer ist kein Sprung entlang der gesamten 1000 Kilometer langen Zugstrecke.

Jeder Dritte hat hier keinen deutschen Pass. Sie stammen aus insgesamt 158 Nationen. Türken stellen mit 12,8 Prozent die größte Gruppe. Es folgen in der Statistik Griechen (9,9), Polen (9,6), Rumänen (8,2) und Italiener (8,1).Und Offenbacher mit Migrationshintergrund – mindestens ein Elternteil ist im Ausland geboren – sind in der Stadt sogar deutlich in der Mehrzahl (59,5 Prozent).

«Die Region Frankfurt/Rhein-Main ist generell die internationalste Region in Deutschland», erklärt mir Matthias Schulze-Böing, Leiter der Statistikabteilung der Stadt. Offenbach sei historisch stark vom verarbeitenden Gewerbe geprägt. In den 60er Jahren sei der Bedarf an Gastarbeitern so groß gewesen, dass man «massiv ausländische Arbeitskräfte angeworben» habe. Und in den 70er Jahren habe sich der Ausländeranteil weiter durch Familiennachzug erhöht. Dass auch heute immer mehr Menschen aus der ganzen Welt nach Offenbach ziehen, erklärt Schulze-Böing damit, «dass sich Migrationsströme dorthin orientieren, wo bereits viele Migranten leben».

Auch innerhalb Europas ist Offenbach laut Eurostat eine der Städte mit dem höchsten Ausländeranteil. Neben einigen Schweizer Städten wie Genf, Zürich oder Basel ist der An-

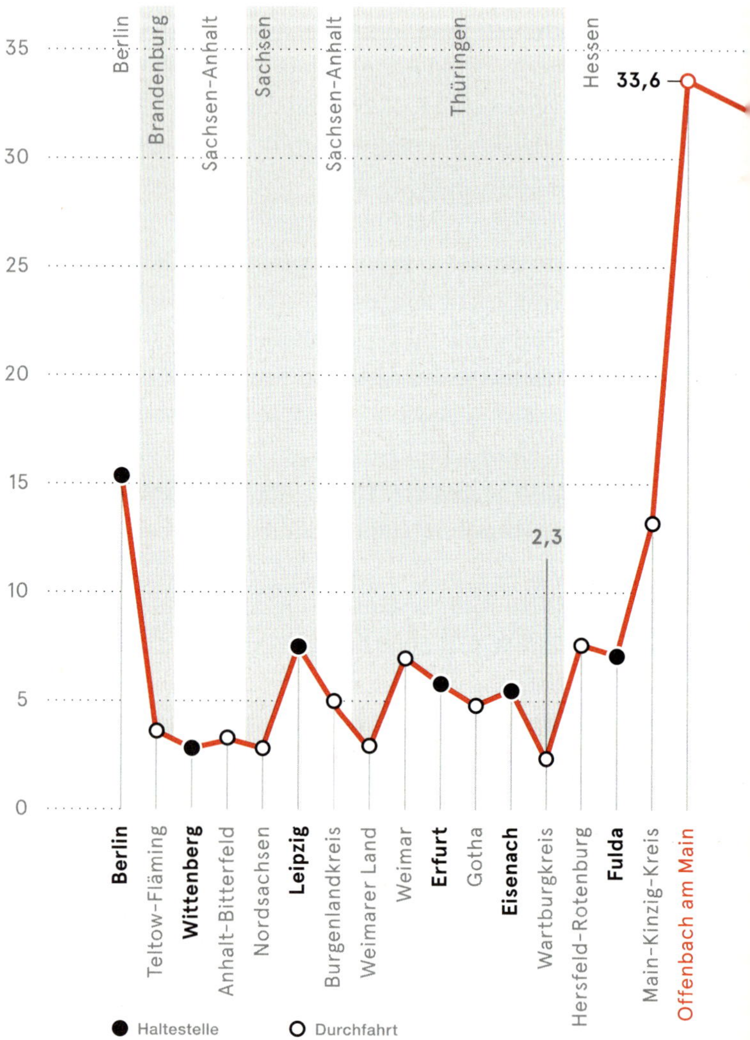
35
30
25
20
15
10
5
0
Berlin
Brandenburg
Sachsen-Anhalt
Sachsen
Sachsen-Anhalt
Thüringen
Hessen
33,6
2,3
Berlin
Teltow-Fläming
Wittenberg
Anhalt-Bitterfeld
Nordsachsen
Leipzig
Burgenlandkreis
Weimarer Land
Weimar
Erfurt
Gotha
Eisenach
Wartburgkreis
Hersfeld-Rotenburg
Fulda
Main-Kinzig-Kreis
Offenbach am Main
Haltestelle
Durchfahrt

AUSLÄNDERANTEIL

in Prozent

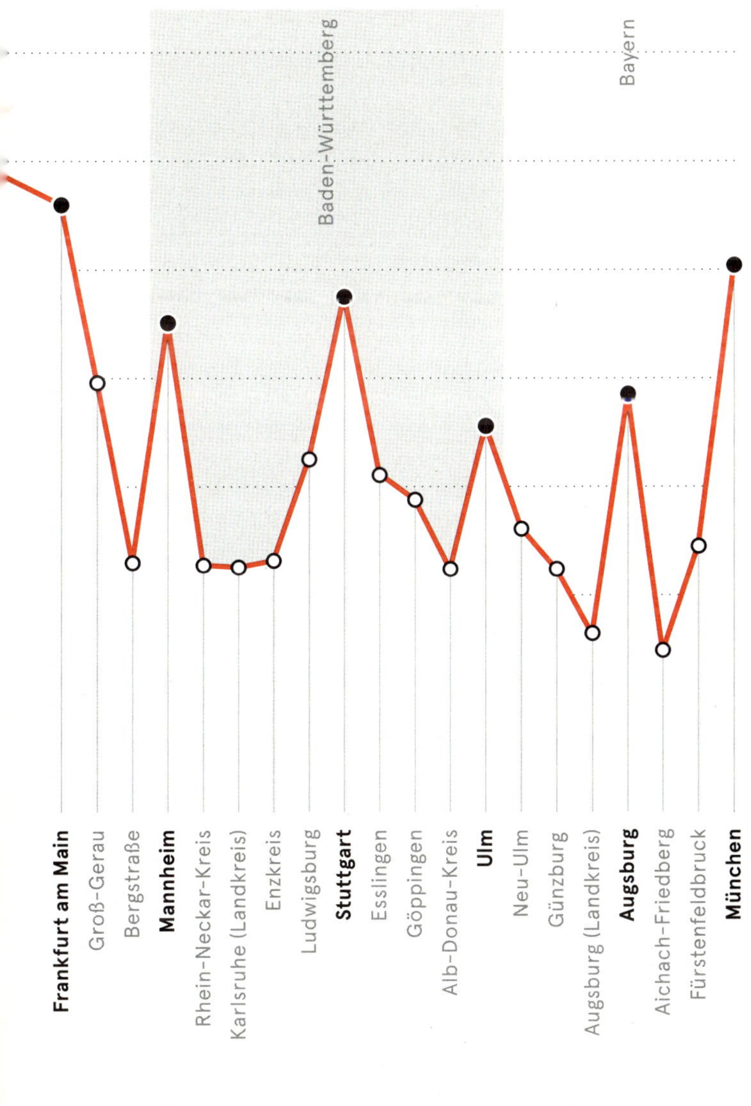

teil nur noch in spanischen Ferienorten an der Costa Blanca oder in Andalusien höher. Dort sind dann die Deutschen die Ausländer.

Kilometer 544

Frankfurt am Main Hbf., ab 14:37 Uhr

In der Zeitungsstadt Nummer eins

Mittlerweile bin ich mit meinem Nachtisch fertig – Butterkuchen und Espresso. Ich habe ja Zeit. Vom Bordrestaurant aus sehe ich die beeindruckende Skyline des Frankfurter Bankenviertels. Mehr als 30 Wolkenkratzer prägen das Stadtbild. Besonders sticht der Commerzbank Tower mit einer Höhe von 259 Metern heraus. Er ist das höchste Hochhaus in Deutschland, die zehn höchsten Wolkenkratzer stehen alle hier in «Mainhattan».

Frankfurt am Main hat rund 730000 Einwohner. In der Stadt gibt es mehr Arbeitsplätze als erwerbsfähige Einwohner. Deshalb wird Frankfurt inklusive Pendlern neben Berlin, Hamburg, München und Köln häufig als fünfte Millionenstadt in Deutschland bezeichnet.

Ich bezahle und gehe erst einmal in die falsche Richtung. Direkt neben dem Restaurant beginnt die erste Klasse. Ich schleiche mich am Dienstraum der Zugführer vorbei. Streng genommen darf ich mich mit meinem Zweite-Klasse-Ticket in diesem Bereich gar nicht aufhalten. Eine rote Markierung am Boden weist darauf hin, dass ich nun diesen privilegierten Teil unseres ICE betrete.

Zwar hat das Reisen in der ersten Klasse durch entsprechende Sparangebote einen Teil seines Nimbus eingebüßt, die Weiße-Hemden- und Krawattendichte in den Ledersesseln ist hier aber trotzdem deutlich höher als in der «Holzklasse». Viele der «Erstklässler», wie die Businessreisenden von manchen Bahnmitarbeitern intern genannt werden, lesen Zeitungen. Klar, die gibt es hier auch umsonst. Um ihre Auflage zu erhöhen, beliefern Verlage unter anderem die Deutsche Bahn mit extrem verbilligten Ausgaben, sogenannten Bordexemplaren, die gratis an die Kunden weitergegeben werden.

Auch wenn Zeitungen im Internetzeitalter schon lange der sichere Tod prognostiziert wurde und immer mehr Menschen ihre Nachrichten aus dem Web beziehen, werden täglich noch rund 16 Millionen Tageszeitungen in Deutschland verkauft. Rund 350000 davon als eben erwähnte Bordexemplare. Hier im Zeitungsständer gibt es FAZ, *Welt*, *Süddeutsche* (*SZ*) und *Bild*.

Laut Daten der Informationsgemeinschaft für die Feststellung der Verbreitung von Werbeträgern (IVW) und einer Auswertung des Mediendienstes Meedia ist Frankfurt am Main mit Abstand die Tageszeitungshochburg. Setzt man die Zahl der werktags verkauften Zeitungen ins Verhältnis zur Zahl der gemeldeten deutschen Einwohner, ergibt sich, dass beinahe ein Drittel (29,8 Prozent) der Frankfurter noch täglich eine Zeitung kauft. Allen voran Deutschlands meistverkaufte Zeitung, die *Bild*-Zeitung, mit 6,1 Exemplaren. So viel wie nirgends sonst in der Republik.

VERKÄUFE «BILD» UND «SZ»

in Exemplaren pro 100 gemeldete deutsche Einwohner

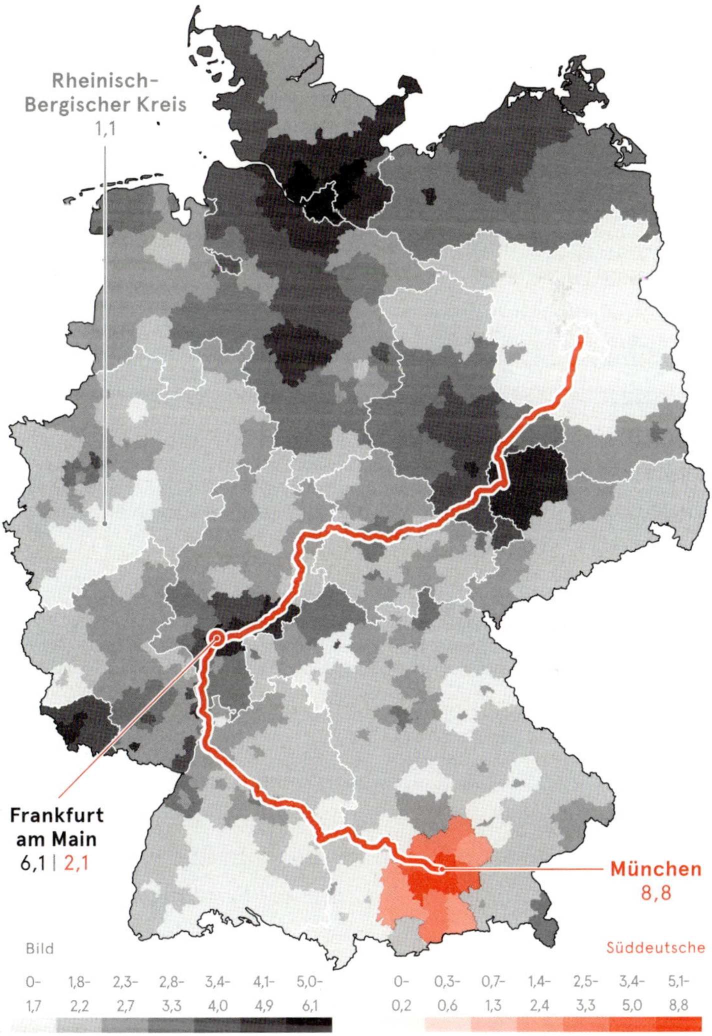

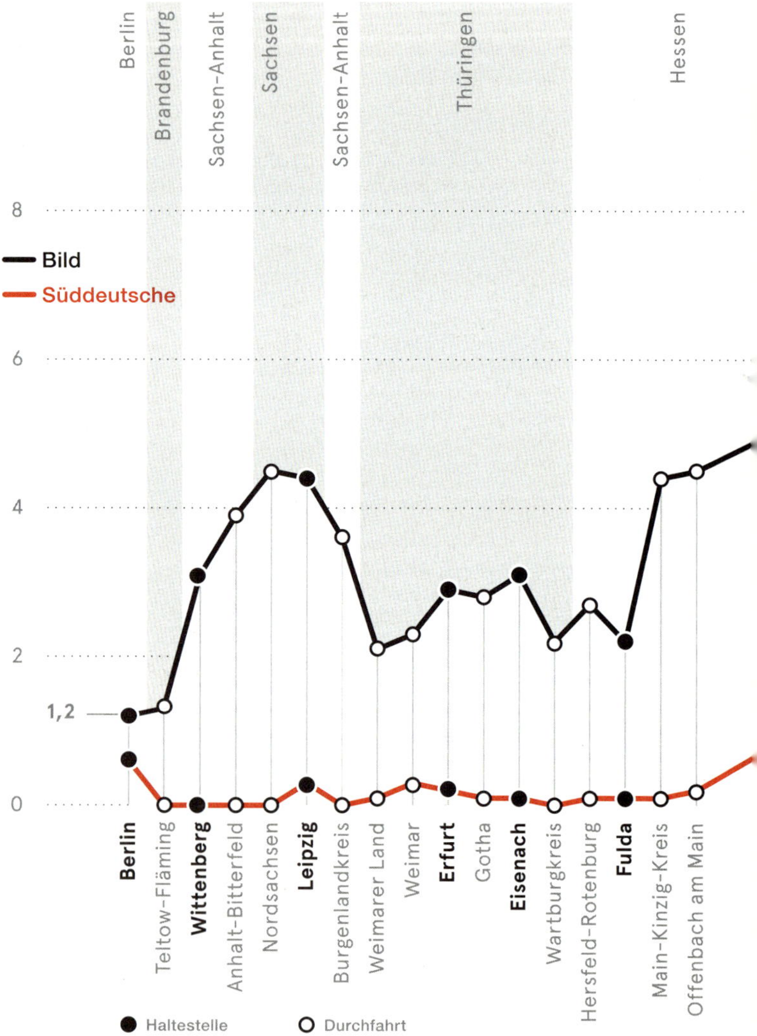
Berlin
Brandenburg
Sachsen-Anhalt
Sachsen
Sachsen-Anhalt
Thüringen
Hessen
8
6
4
2
1,2
0
Bild
Süddeutsche
Berlin
Teltow-Fläming
Wittenberg
Anhalt-Bitterfeld
Nordsachsen
Leipzig
Burgenlandkreis
Weimarer Land
Weimar
Erfurt
Gotha
Eisenach
Wartburgkreis
Hersfeld-Rotenburg
Fulda
Main-Kinzig-Kreis
Offenbach am Main
Haltestelle
Durchfahrt

VERKÄUFE «BILD» UND «SZ»

in Exemplaren pro 100 gemeldete deutsche Einwohner

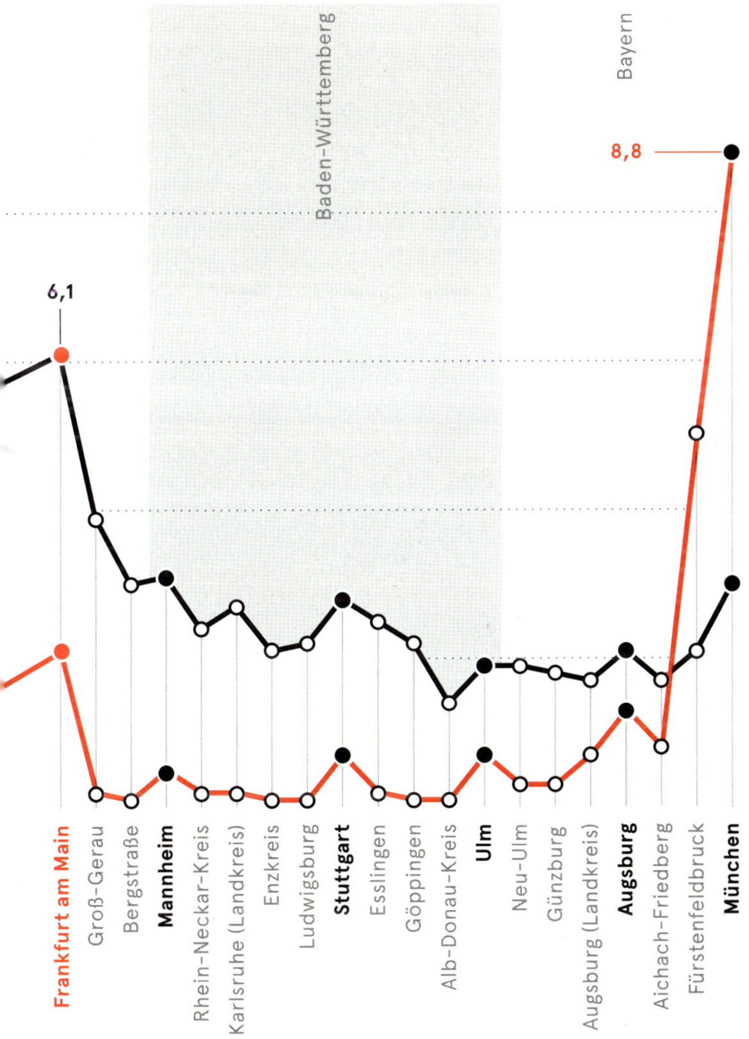

Wie der Mediendienst Meedia mutmaßt, liegt das an der großen Zahl der Pendler und Banken in Frankfurt, deren Mitarbeiter täglich Zeitungen lesen. Das erscheint plausibel, denn auch andere Titel wie die *Welt* (3,5 Exemplare) oder natürlich die FAZ (4,3 Exemplare) werden dort wohl aus diesem Grund häufiger gekauft und gelesen als anderswo in Deutschland.

Ein umgekehrtes Bild zeigt sich in der Heimatstadt der *Bild*: Berlin. Dort kommt das Blatt statistisch lediglich auf 1,2 gekaufte Exemplare pro 100 Einwohner. Das entspricht dem drittschlechtesten Wert in ganz Deutschland. Weil Berlin aber mit der B.Z. einen lokalen *Bild*-Ableger ausschließlich für die Hauptstadt hat, verwundert das Ergebnis nicht. Auch in München gibt es mit der Abendzeitung ein Boulevardblatt, das der Bild starke Konkurrenz macht. Die Nase vorn hat in der bayerischen Hauptstadt aber die *Süddeutsche* mit 8,8 Exemplaren pro 100 Einwohner.

Auf dem Weg zurück in die zweite Klasse wird aber schnell wieder deutlich, warum die Zeitungsauflagen in Deutschland so stark sinken. Der Zeitungsstapel am Bordbistro, wo man Exemplare kaufen kann, ist noch hoch, und in keinem der Waggons steckt ein Kopf hinter einer Zeitung. Allerdings ist das natürlich nur eine Momentaufnahme.

Kilometer 592

Landkreis Bergstraße

Züge mit Rückenwind

13 000 PS treiben unseren ICE durchs Land. Pro Passagier und Kilometer verbraucht so ein Zug laut Angaben der Bahn im Schnitt 0,027 Kilowattstunden. Bei 703 Passagieren und 1000 Kilometern zurückgelegter Strecke entspricht das einem Gesamt-Energieverbrauch von rund 19 000 Kilowattstunden. Damit könnte man zum Beispiel 2,5 Millionen Toastbrote toasten, 285 000 Hemden bügeln oder 190 000 Stunden fernsehen.

Um diesen Energiebedarf aufzubringen, müsste das leistungsfähigste deutsche Kraftwerk, Neurath im rheinischen Braunkohlerevier, mit einer Leistung von bis zu 4 211 000 Kilowatt pro Stunde etwa 16 Sekunden arbeiten. Rund 28 Sekunden hätte das Kernkraftwerk Biblis in der gleichnamigen südhessischen Gemeinde, durch die wir gerade fahren, benötigt. Mit dem Atomausstieg 2011 wurde das direkt am Rhein liegende Atomkraftwerk allerdings stillgelegt – es wird seit 2017 zurückgebaut.

Moderne Windkraftanlagen liefern bei ausreichend Wind bis zu 4000 Kilowatt pro Stunde. Um unseren ICE für die ganze Route mit genügend Energie zu versorgen, müssten sich die Rotoren eines solchen Windrades also knapp fünf Stunden lang durchgängig drehen.

Auf der ersten Hälfte der Linie 11 standen fast überall Windräder am Horizont. Mittlerweile suche ich vergebens – und das liegt nicht etwa daran, dass sie sich nun hinter Bergen oder Wäldern verstecken. Ihre Verteilung ist in Deutschland einfach sehr unterschiedlich.

Im flachen, windigen Norden wird mit 39 000 Megawatt aus Windkraft fast die vierfache Energiemenge im Vergleich zum Süden (11 000 Megawatt) hergestellt. Am meisten Strom aus Windrädern wird mit 9300 Megawatt in Niedersachsen gewonnen.

Die eingespeiste Windkraftleistung entlang der Linie 11 nimmt mit jedem Kilometer ab. Ab dem Rhein-Main-Gebiet kommt kaum noch Energie aus Windrädern. Alle Windkraftanlagen haben eine installierte Leistung von 2562 Megawatt. Aus Teltow-Fläming kommt mit 479 Megawatt am meisten Windenergie entlang der Strecke.

«Bis zur Jahrtausendwende hat sich der Ausbau stark auf das norddeutsche Tiefland konzentriert», erklärt Wolfram Axthelm vom Bundesverband WindEnergie e.V. (BWE). Der Süden hole aber seit Jahren kräftig auf. In Baden-Württemberg und Bayern sei die Zahl der Baugenehmigungen für Windkraftanlagen stark gestiegen. «Einen wichtigen Impuls dafür gaben auch die Flächenausweisungen nach der Reaktorkatastrophe von Fukushima.»

Die Windenergie steht im Strommix inzwischen an vierter Stelle, 28 217 Windkraftanlagen erzeugen etwa zwölf Prozent des deutschen Stroms. Das ist ein Spitzenwert in

WINDENERGIE

in Megawatt

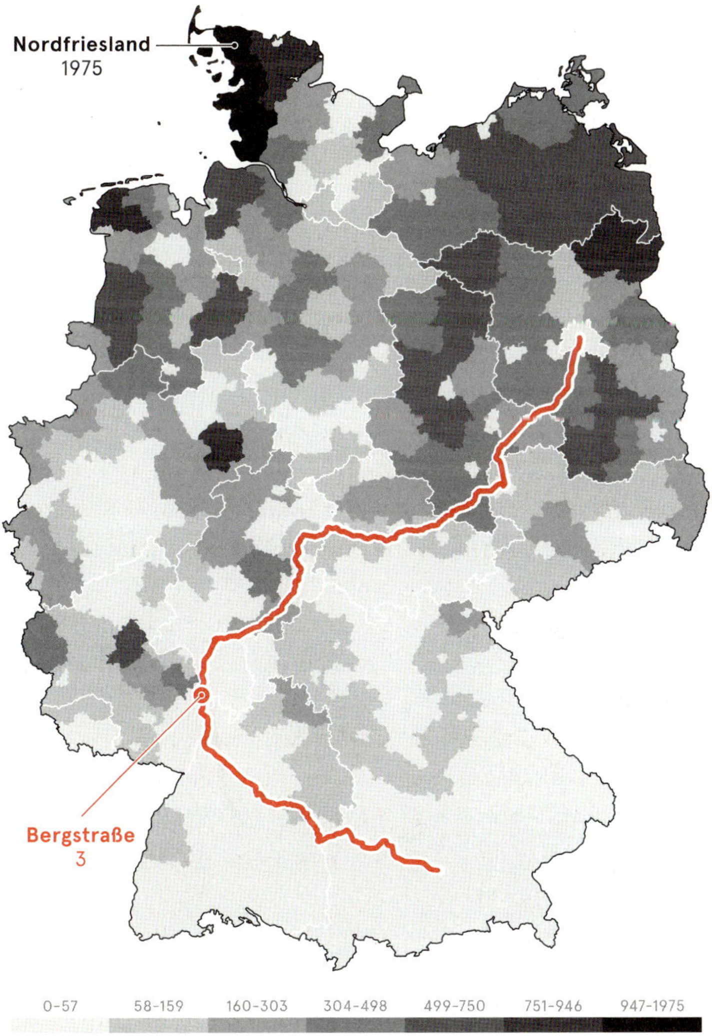

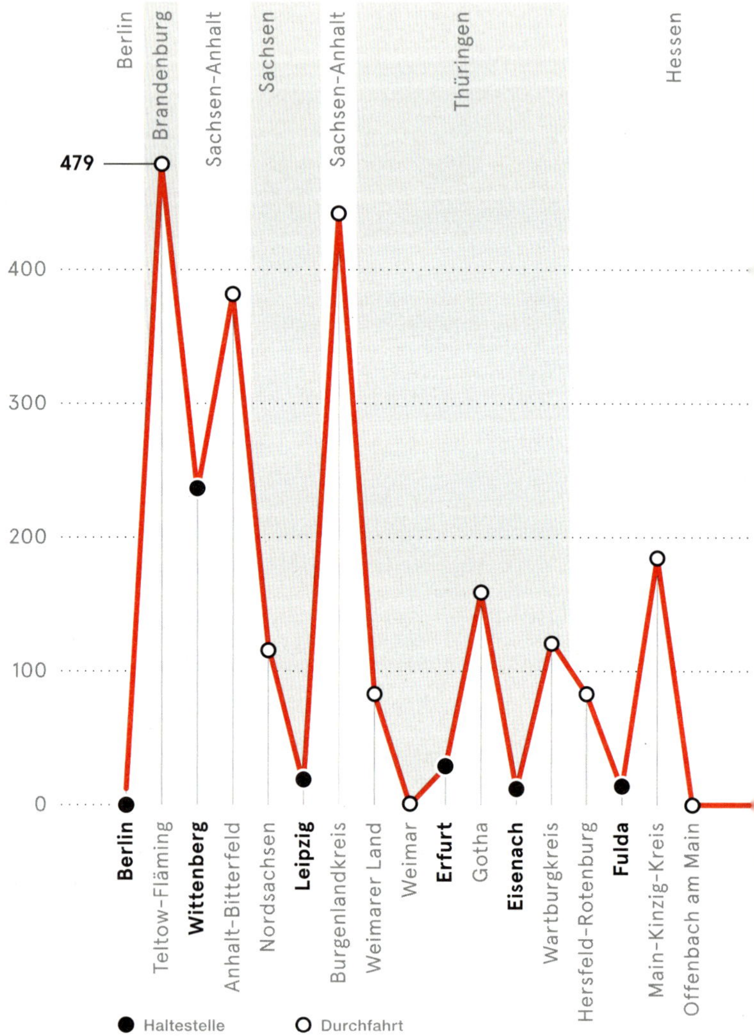

Berlin
Brandenburg
Sachsen-Anhalt
Sachsen
Sachsen-Anhalt
Thüringen
Hessen
479
400
300
200
100
0
Berlin
Teltow-Fläming
Wittenberg
Anhalt-Bitterfeld
Nordsachsen
Leipzig
Burgenlandkreis
Weimarer Land
Weimar
Erfurt
Gotha
Eisenach
Wartburgkreis
Hersfeld-Rotenburg
Fulda
Main-Kinzig-Kreis
Offenbach am Main
Haltestelle
Durchfahrt

WINDENERGIE

in Megawatt

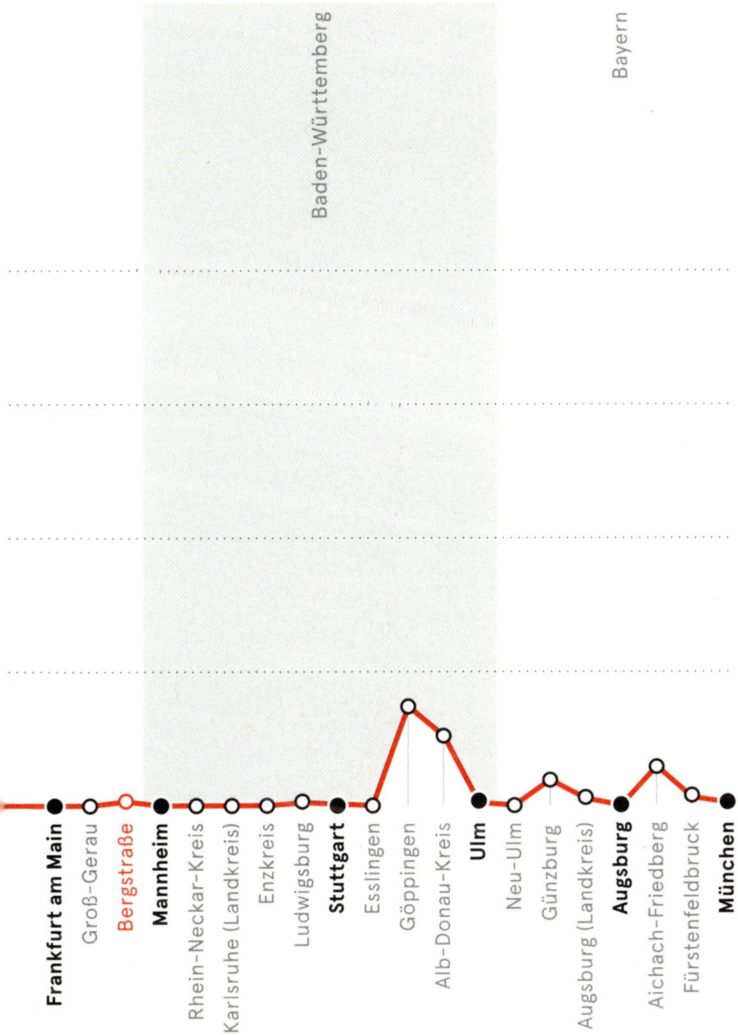

Europa. Davor kommen noch Stein-, Braunkohle und Atomstrom.

Und wie viel erneuerbare Energien stecken in unserem Zug? Seit Januar 2018 garantiert die Bahn ihren Fernverkehr-Reisenden, dass sie zu 100 Prozent mit Ökostrom und damit komplett CO_2-frei unterwegs sind. Insgesamt nutzt die Bahn nach eigenen Angaben zu 42 Prozent Strom aus erneuerbaren Energien, 26,6 Prozent Steinkohle, 17,3 Prozent Kernenergie sowie kleinere Anteile an Braunkohle, Erdgas und sonstiger Energie.

Kilometer 622

Mannheim Hbf., ab 15:19 Uhr

Straße

Die Spuren der Römer

Wir fahren in den Hauptbahnhof Mannheim ein. Ich erinnere mich, wie ich für einen Vortrag in der Stadt war und mich über den Straßennamen meines Hotels wunderte: F4. In Mannheim muss man eine bestimmte Adresse anders suchen, als man das sonst gewohnt ist. Denn die Straßen in der historischen Innenstadt tragen keine Namen. Sie bestehen lediglich aus einer Kombination aus Zahlen und Buchstaben. Vor rund 400 Jahren wurde die Gegend schachbrettartig von Kurfürst Friedrich IV. entworfen.

Insgesamt gibt es in der City 144 Quadrate von A1 bis U6. «Das System ist einfach», erklärt Monika Enzenbach, Pressesprecherin der Stadt. «Links vom Schloss aus gesehen, beginnen die Quadrate mit dem Buchstaben A und hören am Neckar mit K auf. Rechts vom Schloss geht das Alphabet dann weiter mit L und endet mit den U-Quadraten.» Mannheim bezeichnet sich selbst als Quadratestadt und ist so stolz auf diesen Umstand, dass sie das Quadrat sogar im Stadtlogo trägt: Mannheim^2. Die kuriosen Straßenbezeichnungen führen zu kreativen Namensgebungen, so gab es in Mannheim die legendäre, aber mittlerweile geschlossene Kneipe El Dry in der Straße L3. Die Einteilung von Straßenzügen in Quadrate und deren Namensgebung mit Buchstaben und Zahlen ist in Deutschland einzigartig.

Laut einer Auswertung von *Zeit Online*, basierend auf Daten der freien Weltkarte «OpenStreetMap», gibt es derzeit in Deutschland mehr als eine Million Straßen und Plätze mit rund 455 000 unterschiedlichen Namen. Demnach sind die häufigsten Straßennamen in Deutschland «Hauptstraße» (7066), «Schulstraße» (5141) und «Dorfstraße» (5026). Häufiger als der Dichter Friedrich Schiller wird keine Person in Straßennamen erwähnt, deutschlandweit existieren 2215 Schillerstraßen. Platz zwei geht an Johann Wolfgang von Goethe (2116 Goethestraßen).

Was die Recherche von *Zeit Online* ebenfalls ergab: Die Verteilung der Straßennamen zeigt in Deutschland starke regionale Muster. So gibt es fast nur im Osten Straßen, die nach dem Politiker und Kommunisten Ernst Thälmann (1886–1944) benannt wurden. Und was im Norden das «Moor» ist, ist im Süden das «Gässle». Besonders deutlich sieht man den historischen Einfluss der Römer im Straßenbild.

Entlang der Linie 11 ist die Wahrscheinlichkeit von Berlin bis Fulda sehr gering, dass Anwohner dort in einer Römerstraße oder Römergasse wohnen. Das ändert sich danach schlagartig. Die Hochburg auf der Route liegt im Rhein-Neckar-Kreis, durch den wir als Nächstes fahren. Dort gibt es 28 Straßen und Plätze, die so heißen.

Das riesige Weltreich der Römer beherrschte große Teile des heutigen Europas. Sie eroberten den Süden und Südwesten des heutigen Deutschlands einschließlich des Gebiets

«RÖMER»-STRASSEN

Anzahl Straßen und Plätze

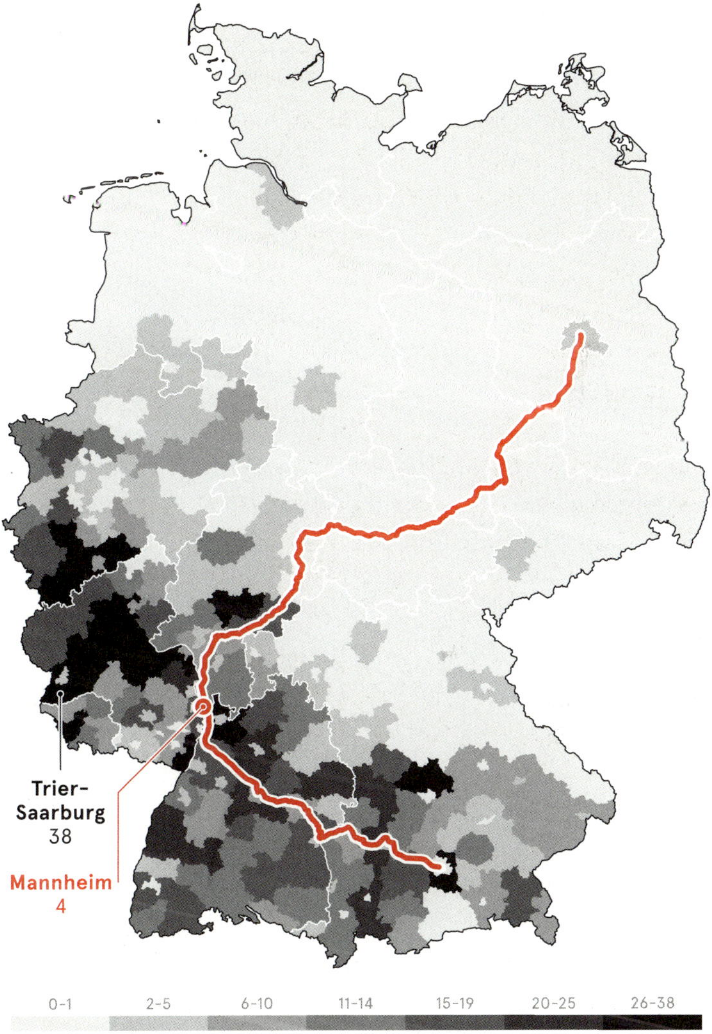

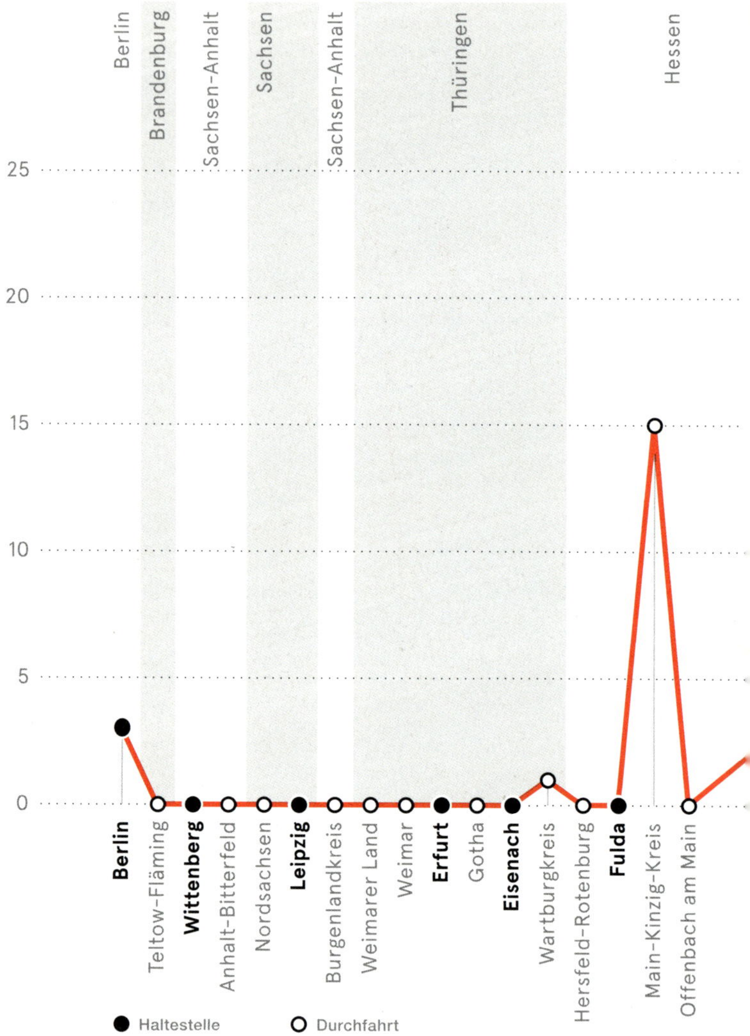
Berlin
Brandenburg
Sachsen-Anhalt
Sachsen
Sachsen-Anhalt
Thüringen
Hessen
25
20
15
10
5
0
Berlin
Teltow-Fläming
Wittenberg
Anhalt-Bitterfeld
Nordsachsen
Leipzig
Burgenlandkreis
Weimarer Land
Weimar
Erfurt
Gotha
Eisenach
Wartburgkreis
Hersfeld-Rotenburg
Fulda
Main-Kinzig-Kreis
Offenbach am Main
Haltestelle
Durchfahrt

«RÖMER»-STRASSEN

Anzahl Straßen und Plätze

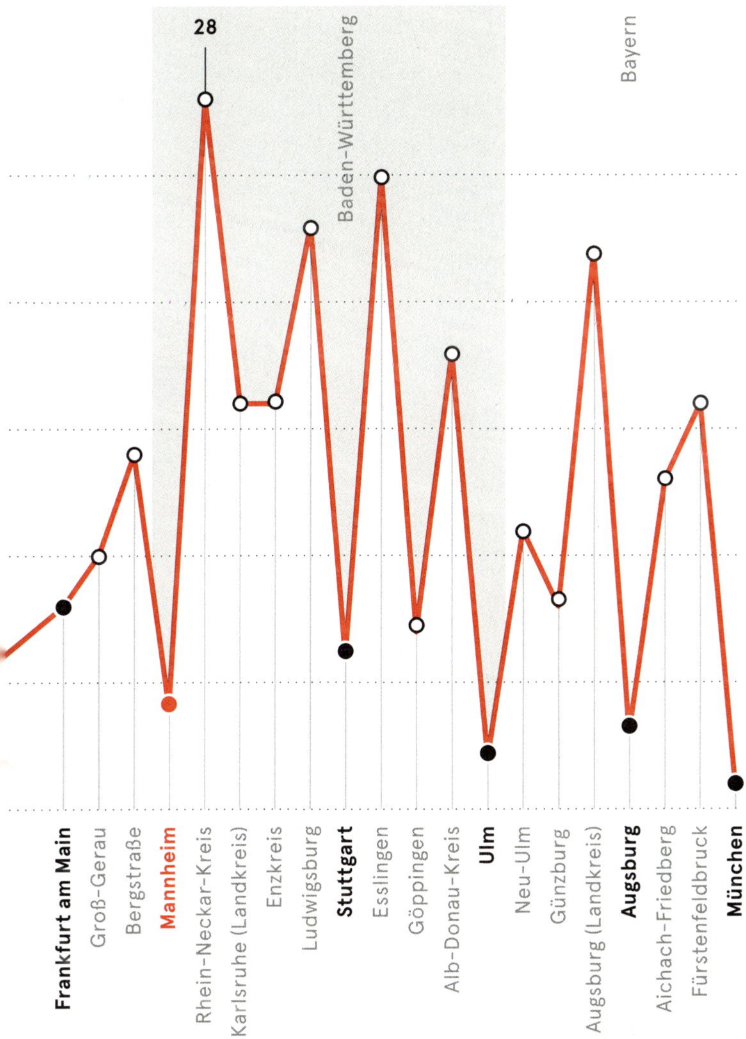

zwischen Rhein und Donau. Um die Grenze nach Norden und Osten zu sichern, bauten sie eine gigantische Grenzwallanlage, den sogenannten Limes. Diese ehemalige Grenze ist heute noch, 1500 Jahre nach dem Untergang des Römischen Reichs, deutlich anhand von Straßennamen zu erkennen. Von den 2113 Straßen, die die Römer in ihrem Namen tragen, liegen fast alle südlich dieser Grenze.

Aber auch die Eisenbahn hat sich in den Straßennamen verewigt. Mit immerhin 4614 Straßen rangiert die «Bahnhofsstraße» auf Platz fünf der häufigsten Namen in Deutschland.

Kilometer 632

Landkreis Karlsruhe

Ab hier wird geschwätzt

«Säggsaviazig und achdaviarzig, hier simmer rischdisch.» Ein Mann mit Glatze und sein Sohn mit Zottelmatte lassen sich in die Sitze vor mir fallen. Ganz klar, die beiden sprechen Mannemerisch, den kurpfälzischen Dialekt aus Mannheim. Schräg gegenüber von mir breitet ein Mann Akten, Laptop und Schreibutensilien auf der gesamten Fläche des Vierertischs aus und telefoniert nebenbei. Ein paar Gesprächsfetzen reichen aus, um zu wissen, woher er kommt. «Fit würd i ned sogn. Aber 's wird nooch und nooch bessa.» A-Laute, die wie ein «O» klingen – dieser Mann kommt aus Bayern.

Etwa 90 Millionen Menschen sprechen in Europa Deutsch. Aber Deutsch ist nicht gleich Deutsch. Innerhalb Deutschlands behauptet die Hälfte der Menschen laut einer Umfrage des Instituts für Deutsche Sprache, einer überwiegend staatlich finanzierten Stiftung, einen Dialekt zu sprechen oder mindestens sprechen zu können. Während zu formellen Anlässen oft möglichst hochdeutsch gesprochen wird, dominiert im Freundes- und Familienkreis die Umgangssprache – und damit auch der Dialekt. Und vor allem in Mittel- und Süddeutschland pflegen die Menschen ihre Mundart.

«SCHWÄTZEN» ODER «QUATSCHEN»

in Prozent der Umfrageteilnehmer

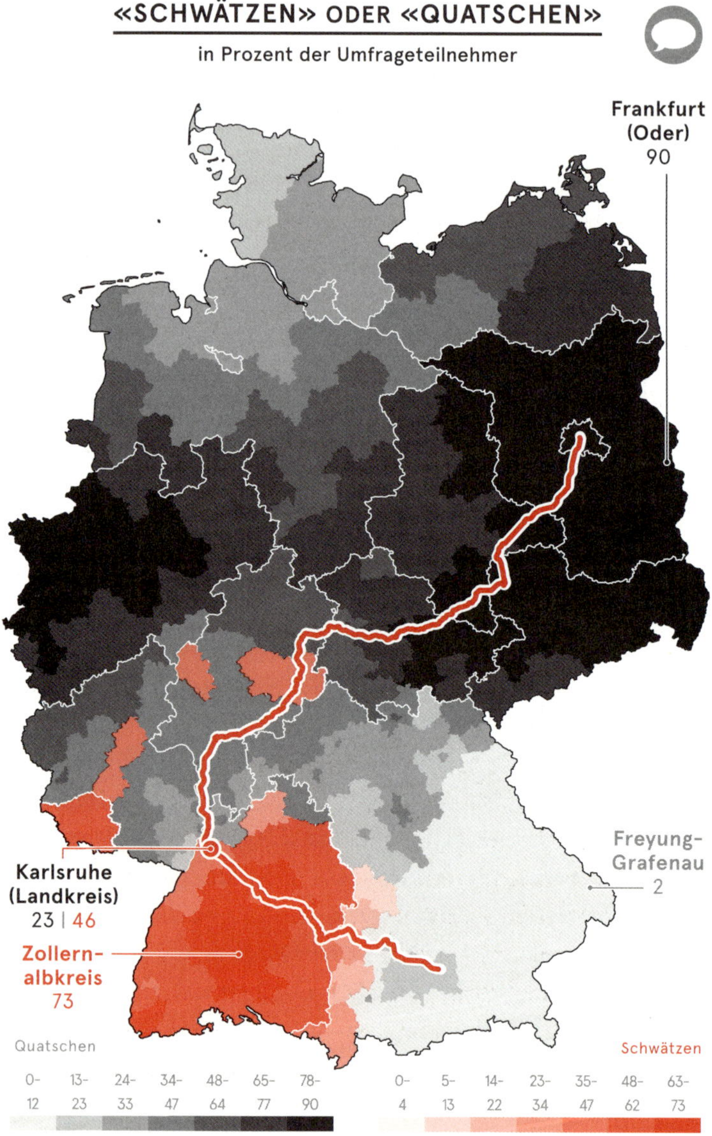

Wie man spricht, verrät viel über die Herkunft. Ein Team aus Journalisten und Wissenschaftlern wollte wissen, welche Dialekte in welchen deutschen Gemeinden gesprochen werden, und hat Nutzer im Web gefragt, welches Wort man in ihrer Heimat benutzt, wenn man «neutral über Alltägliches redet». 670 000 Menschen haben geantwortet. Diese Daten vermitteln einen Eindruck von der Vielfalt der Mundarten. Ab dem Landkreis Karlsruhe wird – mit Ausnahme von Fulda – erstmals mehr geschwätzt als gequatscht. Wer sich locker unterhält, der «quatscht» im überwiegenden Teil Deutschlands. Das wird auch an unserer Route deutlich. Im südfränkischen und alemannischen Raum «schwätzen» die Menschen dann mehr. Nicht in der Grafik zu sehen: In der Pfalz und in Hessen wird vorwiegend «gebabbelt», und die Bayern «ratschen».

Welchen Dialekt hören die Deutschen am liebsten? Ludwig Eichinger von der Universität Mannheim ist dieser Frage nachgegangen. Der beliebteste Dialekt ist laut seiner Studie Bayerisch. Das liege vor allem daran, dass man mit dieser Regionalsprache eine attraktive Urlaubslandschaft, Natur und die Vorstellung einer spezifischen Lebensart verbinde.

Traditionelle regionale Dialekte sind aber im Rückgang. Heike Wiese, Sprachwissenschaftlerin an der Universität Potsdam erklärt diese Tendenz mit der steigenden Mobilität der Menschen. Andererseits seien neue urbane Dialekte wie «Kiezdeutsch» im Kommen, eine Art Slang von Jugendlichen, die meist mehrsprachig aufgewachsen sind. Auf Kreuzberger und Neuköllner Schulhöfen hört man eher «Ich schwör, Alter, isso!» als «Berliner Schnauze». Allerdings sind es Berliner Bäcker ja mittlerweile ohnehin gewohnt, «Weckle» oder «Semmeln» statt «Schrippen» zu verkaufen.

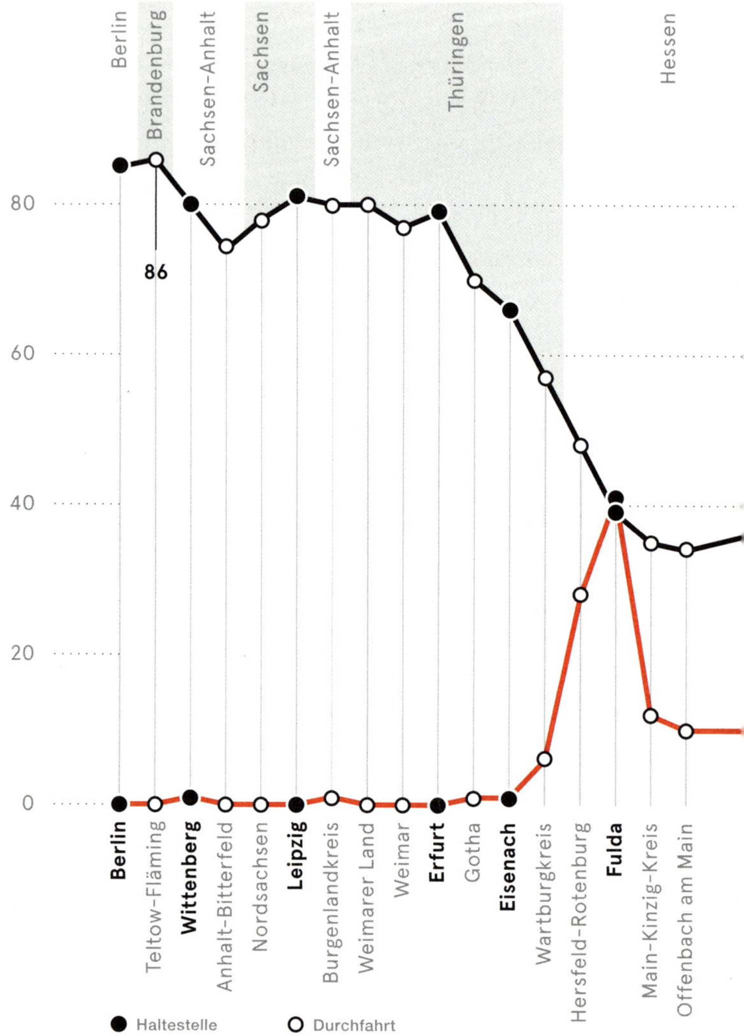

Berlin
Brandenburg
Sachsen-Anhalt
Sachsen
Sachsen-Anhalt
Thüringen
Hessen
80
60
40
20
0
86
Berlin
Teltow-Fläming
Wittenberg
Anhalt-Bitterfeld
Nordsachsen
Leipzig
Burgenlandkreis
Weimarer Land
Weimar
Erfurt
Gotha
Eisenach
Wartburgkreis
Hersfeld-Rotenburg
Fulda
Main-Kinzig-Kreis
Offenbach am Main
Haltestelle
Durchfahrt

«SCHWÄTZEN» ODER «QUATSCHEN»

in Prozent der Umfrageteilnehmer

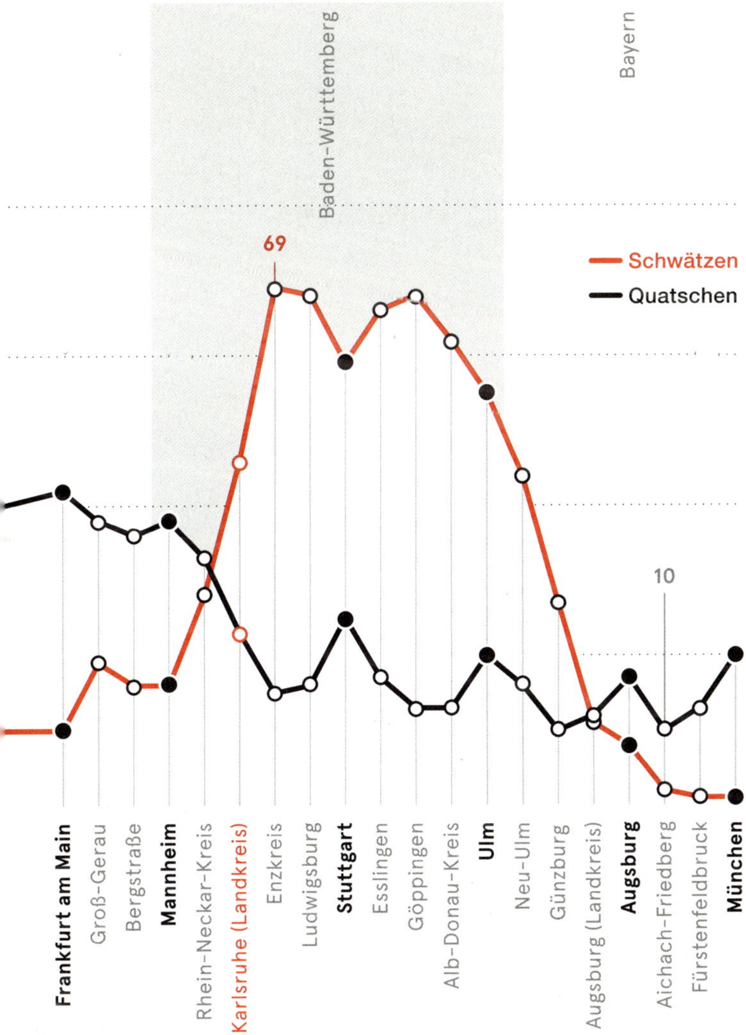

Kilometer 686

Landkreis Enzkreis

Viele Jobs, auch wenn die Roboter kommen

Wir sind schon durch zig Gewerbeparks mit unterschiedlich großen, klobigen Gebäudekomplexen und meist völlig unbekannten Firmennamen und -logos gefahren. Gerade geht es an den Gewerbegebieten von Illingen und Vaihingen an der Enz vorbei. Bekannte Unternehmen wie die Logistikunternehmen GLS und Dachser sitzen dort. Aber auch Firmenschilder von Waco und Avantec kann man aus der Ferne erkennen.

Ich lese auf der Avantec-Webseite nach, dass das Unternehmen zu den weltweit «führenden Herstellern von hochpositiven Fräswerkzeugen» gehört. Ich habe in meinem Leben noch nie etwas von Walzenstirnfräsern, Kopierfräsern oder Schaftfräsern gehört. Oft sind solche Unternehmen, mit ihren ganz spezifischen Fertigungen, sogar Weltmarktführer. Von diesen «Hidden Champions» war ja bereits die Rede.

Mit einer Arbeitslosenquote von 2,8 Prozent herrscht hier im Enzkreis praktisch Vollbeschäftigung. Mittelständische Betriebe im Maschinen- und Fahrzeugbau, in der Metallverarbeitung, der Medizin- und Dentaltechnik, der Elektrotechnik, Elektronik und Feinmechanik verschaffen vielen Menschen Lohn und Brot.

Aber ist diese Jobidylle vielleicht bedroht? Laut einer Studie des Instituts für Arbeitsmarkt- und Berufsforschung (IAB), das im Auftrag der Agentur für Arbeit recherchiert, hat mehr als jeder vierte Job (28,8 Prozent) im Enzkreis ein hohes Automatisierungspotenzial. Das heißt: Ein Großteil der Tätigkeiten von derzeit rund 10 500 Beschäftigten sind Routinetätigkeiten und könnten bereits heute von Robotern übernommen werden. Das entspricht dem höchsten Wert entlang der Linie und rangiert damit auch bundesweit in den Top 10.

Während mehr als ein Viertel der Beschäftigten im Enzkreis und im Wartburgkreis in Berufen mit einem hohen Automatisierungspotenzial arbeitet, zählen München (7,3 Prozent), Frankfurt (7,6 Prozent) und Berlin (8,1 Prozent) zu den Regionen mit dem geringsten Automatisierungspotenzial (Deutschland-Durchschnitt: 15 Prozent).

Das liegt daran, dass es dort im Gegensatz zum Enzkreis weniger fertigungstechnische Berufe gibt, also Arbeitsbereiche, in denen vor allem Fahrzeuge, Maschinen und Anlagen hergestellt werden. Diese haben traditionell einen hohen Anteil von manuellen Routinetätigkeiten und sind deshalb besonders stark bedroht. In den Metropolen gibt es dagegen viele Jobs in wissenschaftlichen Einrichtungen oder dem Tourismussektor.

Auf der Webseite von Avantec werden für 2018 zwei Ausbildungsplätze angeboten. Zerspanungsmechaniker/-in Bereich Dreh-Fräs- und Schleiftechnik sowie ein(e) Feinwerkmechaniker/-in Fachrichtung Werkzeugbau. Solche Tätigkeiten sind laut der IAB-Studie bereits heute vollständig oder fast vollständig von computergesteuerten Maschinen ausführbar. Während Tätigkeiten wie «Messen, Prüfen» und «Justieren» automatisierbar seien, müsse die Tätigkeit «Arbeit nach Zeichnung» immer noch von Menschen durchgeführt werden. Angst vor Robotern hat man in der Firma aber nicht. «Schon seit Jahren analysieren und setzen wir das Automatisierungspotenzial permanent um», sagt Mathias Schneider, Vertriebsleiter von Avantec. Natürlich stiegen die Anforderungen, Ausbildungsinhalte würden diesen aber ständig angepasst.

Maschinen haben schon längst monotone Routineaufgaben zum Beispiel in den Autostraßen der Fahrzeughersteller übernommen. Gleichzeitig könnten künstliche Intelligenzen schon jetzt deutlich komplexere Aufgaben bewältigen. Das kostet Jobs. Allerdings sind sich die Macher der Studie sicher, dass dieser Wandel nicht nur bestimmte Arbeitsplätze wegfallen, sondern auch neue entstehen lässt. In der Gesamtbilanz könnte es daher sogar einen positiven Beschäftigungseffekt geben. Zum Beispiel benötigt man Fachpersonal, um die Roboter zu warten. Hier im Enzkreis wird man in ein paar Jahren möglicherweise ganz andere Jobs haben.

Außerdem wird auf absehbare Zeit nicht jeder automatisierte Job auch wirklich von Maschinen ausgeführt. «Was würden wir dazu sagen, wenn wir unsere Kinder morgens nicht in die Hände einer kompetenten Erzieherin, sondern in die Arme eines Erziehungsroboters geben müssten?», geben die IAB-Arbeitsmarktforscherinnen Katharina Dengler und Britta Matthes zu bedenken.

AUTOMATISIERUNG

in Prozent der betroffenen Berufe

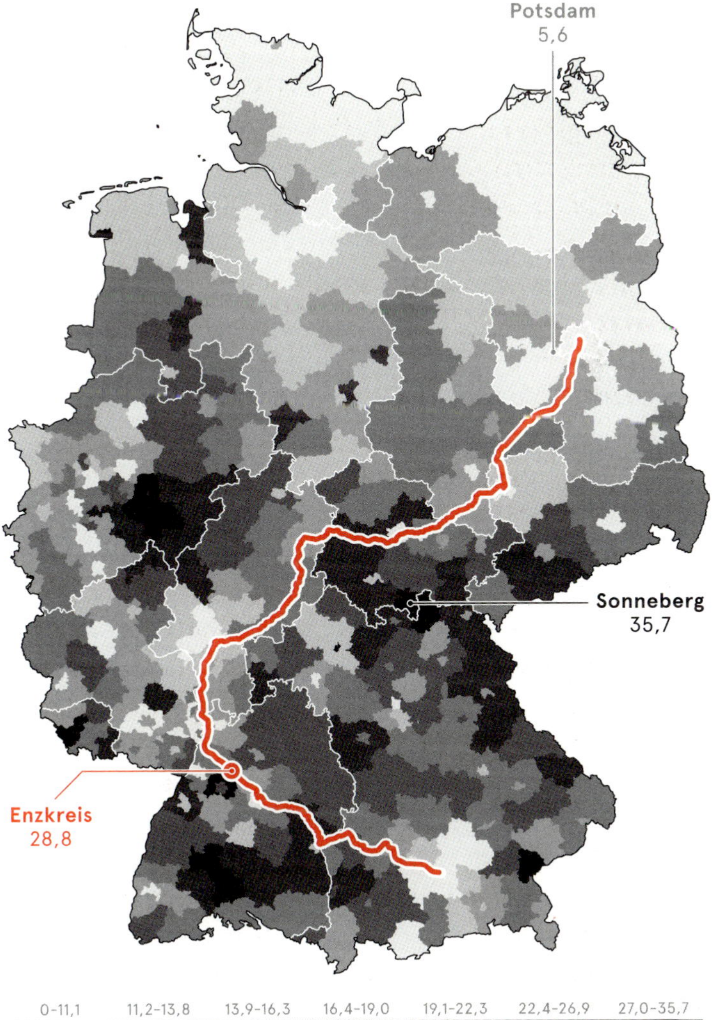

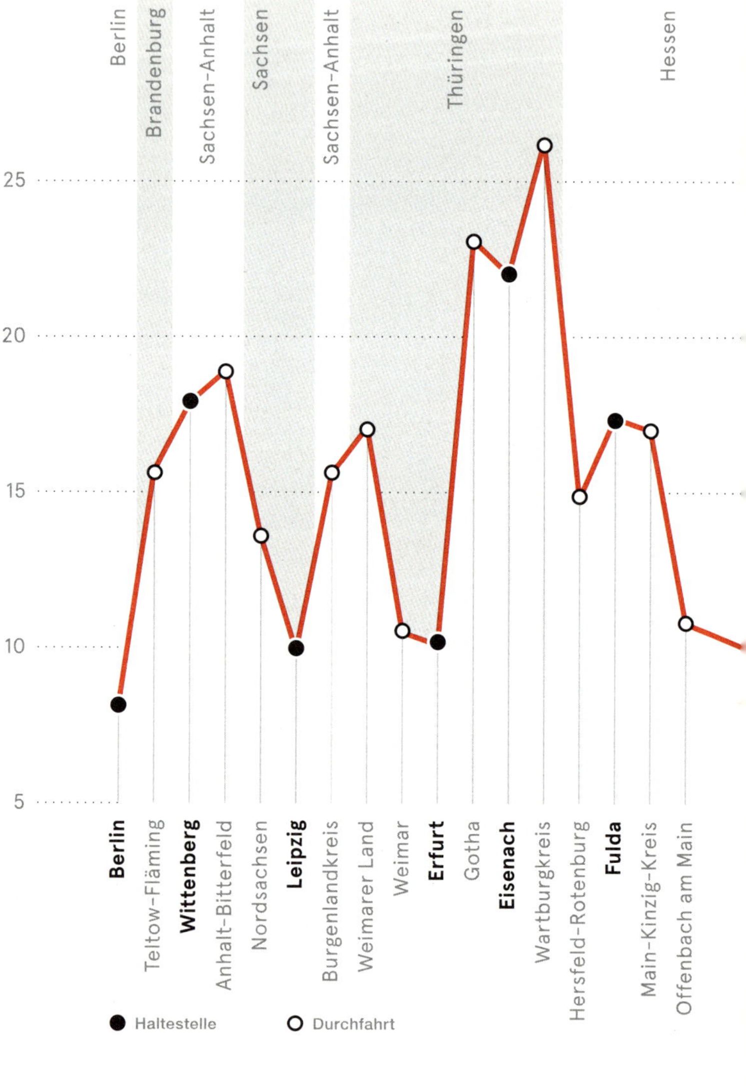

Berlin
Brandenburg
Sachsen-Anhalt
Sachsen
Sachsen-Anhalt
Thüringen
Hessen
25
20
15
10
5
Berlin
Teltow-Fläming
Wittenberg
Anhalt-Bitterfeld
Nordsachsen
Leipzig
Burgenlandkreis
Weimarer Land
Weimar
Erfurt
Gotha
Eisenach
Wartburgkreis
Hersfeld-Rotenburg
Fulda
Main-Kinzig-Kreis
Offenbach am Main
Haltestelle
Durchfahrt

AUTOMATISIERUNG

in Prozent der betroffenen Berufe

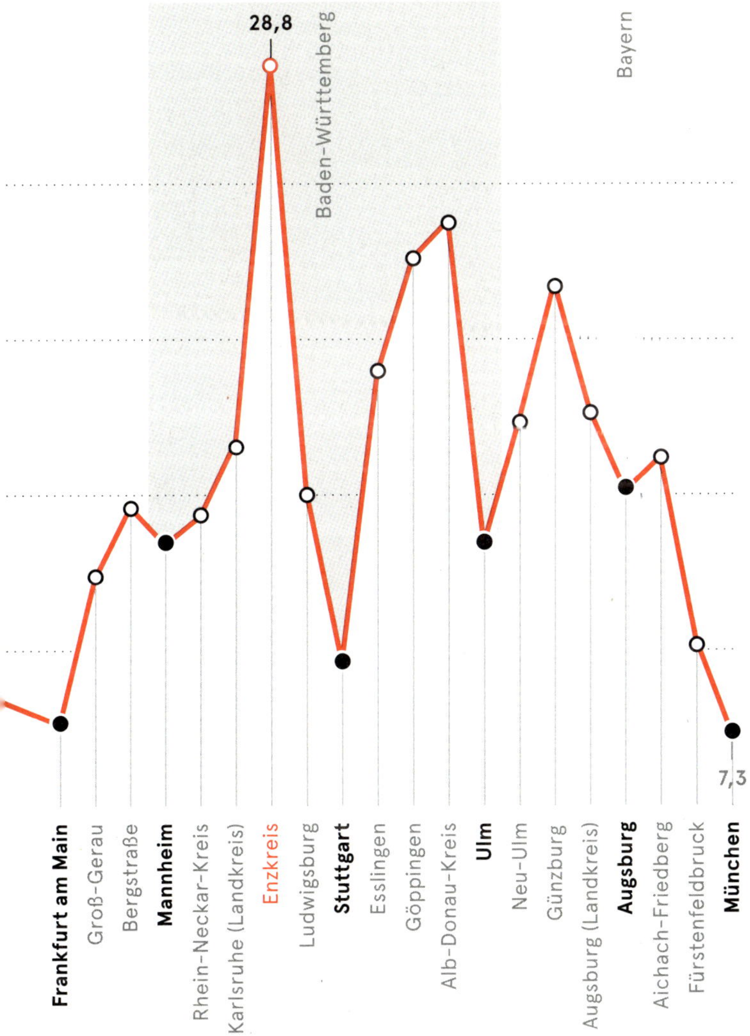

Bald könnten auf unserer Linie auch Autopiloten übernehmen. Denn wegen spurgebundenen Fahrens bietet die Bahn eigentlich hervorragende Voraussetzungen für eine Automatisierung. Und es gibt auch bereits entsprechende Pläne, wie der ehemalige Bahnchef Rüdiger Grube in einem Interview verriet. Bis spätestens 2023 wolle man zumindest in Teilen des Netzes vollautomatisch fahren.

Kilometer 728

Stuttgart Hbf., ab 16:07 Uhr

Schnelle Autos, offene Verdecke

Allmählich wird es Nachmittag, es dämmert bereits ein wenig. Die meisten Autofahrer haben das Licht eingeschaltet. Wir sind jetzt in Stuttgart, der Zug wird langsamer. Ein kurzes Stück fahren wir parallel zur B 27 im Stadtteil Zuffenhausen – und werden von Autos überholt. Das liegt in diesem Fall zwar nur an unserer gedrosselten Geschwindigkeit, aber rein theoretisch haben die Pkw hier am ehesten das Zeug dazu, sich tempomäßig mit einem ICE anzulegen. In Stuttgart-Zuffenhausen befindet sich nicht umsonst der Firmenhauptsitz von Porsche.

Kurz darauf halten wir im Stuttgarter Hauptbahnhof. Noch ist es ein Kopfbahnhof. Derzeit wird er aber unter dem Projektnamen «Stuttgart 21» zu einem unterirdischen Durchgangsbahnhof umgebaut. Dann wird man nicht mehr den großen, leuchtenden, sich drehenden Mercedes-Stern auf dem Bahnhofsturm sehen können, der schon von weitem zu erkennen ist. Er macht gleich deutlich, wofür die Stadt steht. Daimler macht die baden-württembergische Hauptstadt neben Porsche und zahlreichen Zulieferern zu einer der bedeutendsten Autostädte Deutschlands.

Das Kraftfahrt-Bundesamt kann auf umfangreiche Statistiken für alle in Deutschland gemeldeten Autos zurückgreifen. Laut den aktuellsten Zahlen aus 2017 besitzen die Deutschen derzeit genau 45 803 560 Autos, das entspricht knapp 0,7 Autos pro Einwohner.

Die hiesige Autoindustrie hat sich unersetzlich gemacht: Knapp zwei Drittel (64,8 Prozent) aller Autos, die in Deutschland gemeldet sind, stammen von deutschen Herstellern. Den zweiten Platz belegen Autos aus Japan. Platz drei geht an Frankreich. Der Altersdurchschnitt aller Autos beträgt 9,3 Jahre – 601 540 Oldtimer (mehr als 30 Jahre alt) fahren derzeit durch Deutschland.

Da auch Zahlen über Marke, Modell und Fahrzeugtyp existieren, weiß das Kraftfahrt-Bundesamt auch, dass 2 120 947 Cabrios in Deutschland gemeldet sind. Das entspricht 4,6 Prozent aller gemeldeten Autos – knapp jedes 20. Auto fährt im Sommer also ohne Dach. Allerdings variiert die regionale Verteilung stark.

Entlang der Linie 11 fahren nirgendwo so viele «Fahrzeuge mit offenem Aufbau», so die offizielle Bezeichnung für Cabrios, wie in Stuttgart. Insgesamt 19 436 dieser Liebhaberfahrzeuge sind dort gemeldet. Dies entspricht einem Anteil von 6,5 Prozent. In Stuttgart werden die Firmenwagen von Porsche und Daimler zugelassen. Darunter sind viele Cabriomodelle. Das ist auch der Grund, warum in Stuttgart zusammengerechnet so viele PS-starke Autos – zum Beispiel Mercedes-S-Klassen oder Porsche Cayenne – wie sonst nirgendwo im Land unterwegs sind. Das wirkt sich übrigens, zusammen

CABRIOS

in Prozent aller gemeldeten Pkw

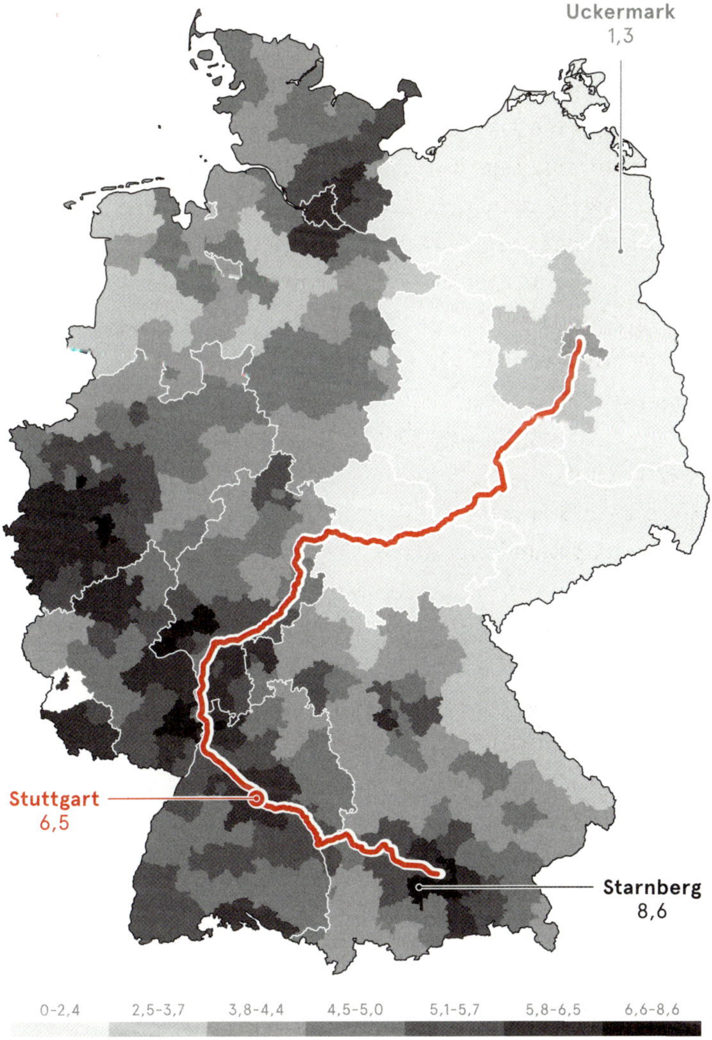

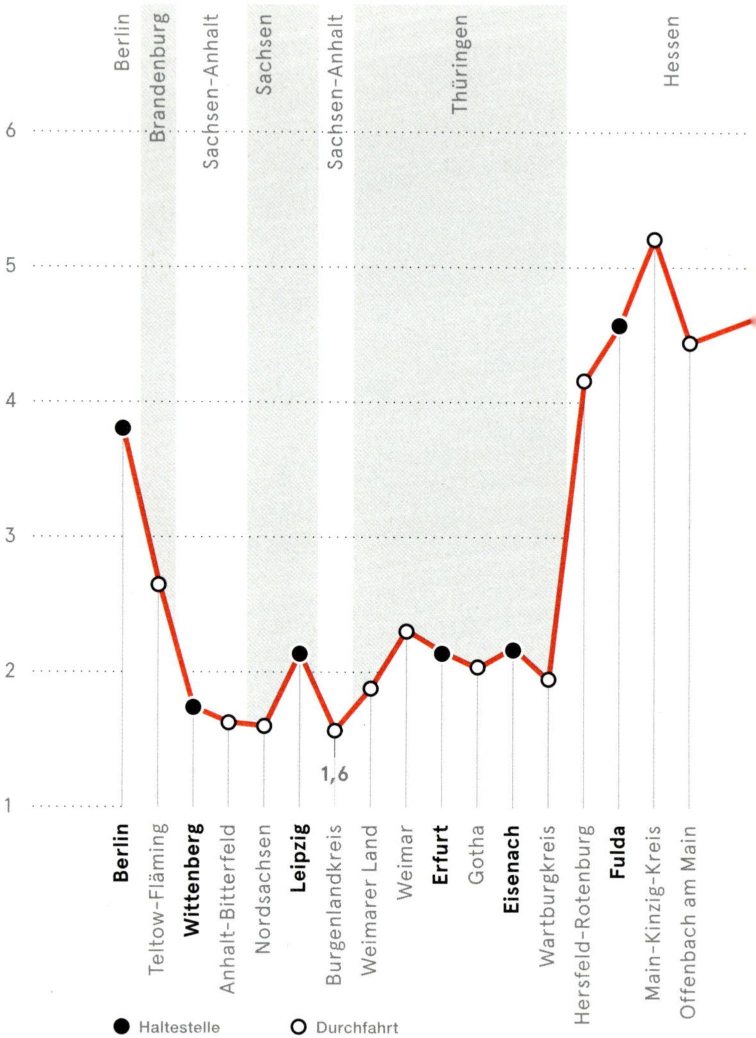
Berlin
Brandenburg
Sachsen-Anhalt
Sachsen
Sachsen-Anhalt
Thüringen
Hessen
6
5
4
3
2
1
1,6
Berlin
Teltow-Fläming
Wittenberg
Anhalt-Bitterfeld
Nordsachsen
Leipzig
Burgenlandkreis
Weimarer Land
Weimar
Erfurt
Gotha
Eisenach
Wartburgkreis
Hersfeld-Rotenburg
Fulda
Main-Kinzig-Kreis
Offenbach am Main
Haltestelle
Durchfahrt

CABRIOS

in Prozent aller gemeldeten Pkw

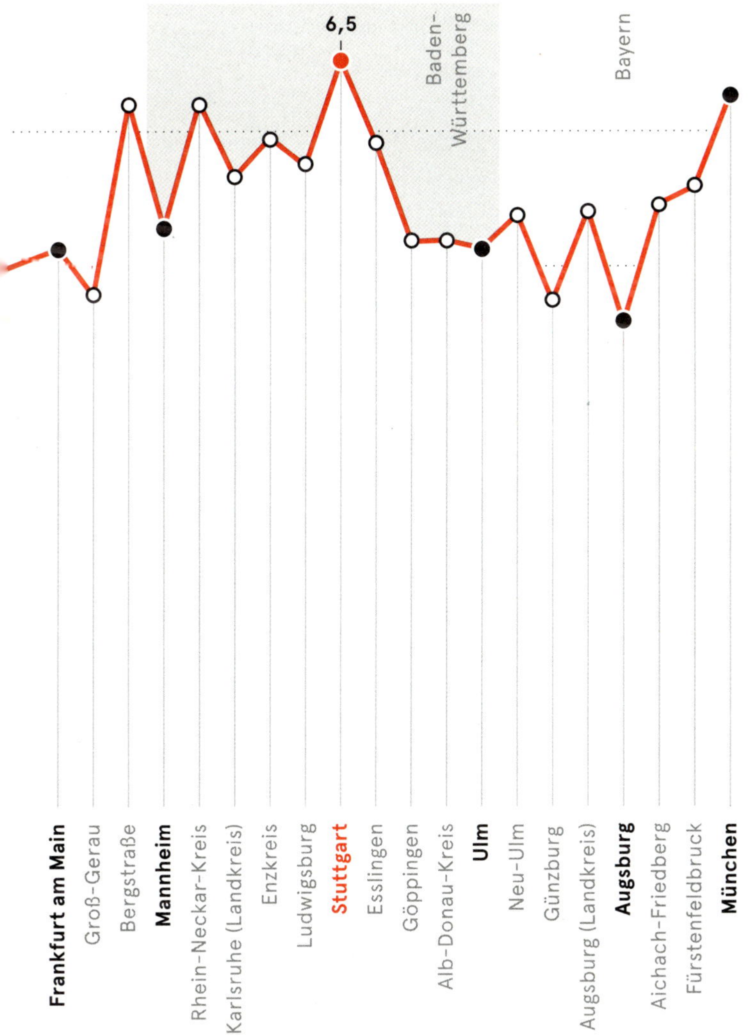

mit der Kessellage, auf die Luftqualität aus. Stuttgart zählt zu den Feinstaubhochburgen Deutschlands, das Neckartor gilt als eine der schmutzigsten Kreuzungen des Landes. Dort möchte man eigentlich lieber mit geschlossenem Verdeck vorbeifahren.

Die Wahrscheinlichkeit, aus dem Zug heraus einen Cabriofahrer im Burgenlandkreis zu sehen, ist dagegen äußerst gering. Dort fahren gerade einmal 1580 (1,6 Prozent) Autobesitzer im Sommer mit offenem Verdeck. Quasi mit der Überquerung der ehemaligen innerdeutschen Grenze steigt der Anteil rasant an. Dafür gibt es eine Erklärung: Die Daten zeigen laut meinen eigenen Berechnungen einen besonders starken statistischen Zusammenhang zwischen der Höhe des Einkommens und der Cabriodichte – nach wie vor scheinen Autos ohne Dach ein sehr beliebtes Statussymbol zu sein.

Keinen nachweislichen Zusammenhang hingegen gibt es zwischen der Anzahl der Sonnenstunden und der Zahl der Cabrios. Auf den ersten Blick skurril: Die Daten zeigen sogar eine Verbindung von Regenmenge und Cabriodichte. Je mehr es regnet, desto häufiger Menschen fahren Cabrios? Unsinn. Hierbei handelt es sich um einen klaren Fall von «Korrelation ist nicht gleich Kausalität». Denn: In den Alpenregionen, wo die Cabriodichte hoch ist, regnet es tatsächlich mehr. Allerdings haben die Menschen dort auch mehr Geld. Und das Einkommen ist eben nach wie vor der entscheidende Faktor, der zu einer höheren Cabriodichte führt.

Kilometer 758

Landkreis Göppingen

Wetterkapriolen

Drei «Lokis», wie Lokführer unter Kollegen scherzhaft genannt werden, haben uns bisher gefahren. Der erste von Berlin nach Leipzig, der zweite bis Frankfurt und der dritte bis nach Stuttgart. Dort hat dann der letzte Schichtwechsel auf unserer Reise stattgefunden. Der vierte Lokführer fährt uns jetzt bis nach München.

Alles ist minutengenau getaktet. Wenn nur ein Zug zu spät kommt, gerät das ganze Logistiksystem ins Wanken. Die daraus resultierenden Verspätungen sind das wohl größte Ärgernis für Bahnkunden. Im Fernverkehr waren lediglich 78,5 Prozent der Verbindungen im Jahr 2017 pünktlich. Neben technischen Problemen zählt auch das Wetter zu einem der Hauptgründe für Verspätungen.

Im Sommer fallen Klimaanlagen aus, im Winter kämpfen die Eisenbahner mit eingefrorenen Weichen und Oberleitungen. Es wurden sogar schon Züge von Blitzen getroffen. Heftige Stürme reißen Bäume um, die dann die Strecken blockieren. So mussten zuletzt etwa nach Orkantief Xavier im Oktober 2017 tagelang umgestürzte Bäume von den Schienen geräumt werden, was Zugausfälle im Nah- und Fernverkehr

REGENMENGE

in Litern pro Quadratmeter

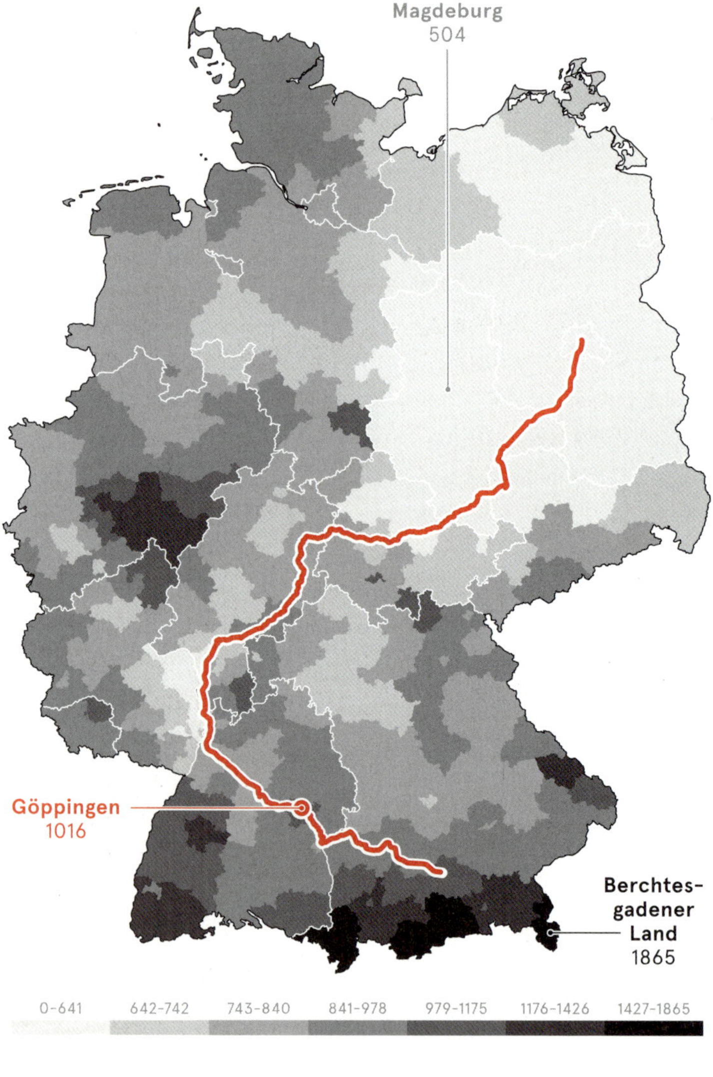

zur Folge hatte. Auch im Januar 2018 sorgte Orkan Friederike für Stillstand auf den Gleisen.

Vor allem Nadelwälder stellen für die Bahn eine erhöhte Gefahr dar, da es sich bei diesen Bäumen um sogenannte Flachwurzler handelt, die leichter bei einem Sturm umkippen können. Immer wieder fahren wir nah an Bäumen vorbei, wie jetzt gerade in Geislingen an der Steige. In der Dämmerung erkennt man penibel genau zurückgeschnittene Äste und Baumstümpfe. Regelmäßig werden dort aus den obengenannten Gründen Bäume beschnitten und gefällt. Nach Friederike soll das sogenannte Vegetationsmanagement sogar noch weiter vorangetrieben werden.

Die Linie 11 durchquert auf ihrem Weg von Berlin nach München regelrechte unterschiedliche Klimazonen. So fährt unser ICE gerade durch die Region, in der es entlang der Strecke am meisten regnet. Die Menschen im Landkreis Göppingen müssen bei 1016 Litern pro Quadratmeter Niederschlag pro Jahr deutlich häufiger ihren Regenschirm auspacken als der Durchschnittsdeutsche.

Der Jahrhundertregen im Juni 2017 sorgte mit sintflutartigen Niederschlägen in weiten Teilen des Landes für eine überdurchschnittliche Regenmenge. Damit solche außergewöhnlichen Ereignisse nicht buchstäblich die Statistik verwässern, rechnen Meteorologen mit einem 30-Jahres-Mittelwert (von 1981 bis 2010), um verlässliche Aussagen treffen zu können. Die Statistik kann man im Netz als «Open Data» herunterladen. Der Deutsche Wetterdienst (DWD) bietet – wie immer mehr Behörden – seine Daten zur freien Verfügung an. Demnach regnet es zwischen Berlin (586 Liter) und Fulda (816 Liter) weniger als im Deutschland-Durchschnitt

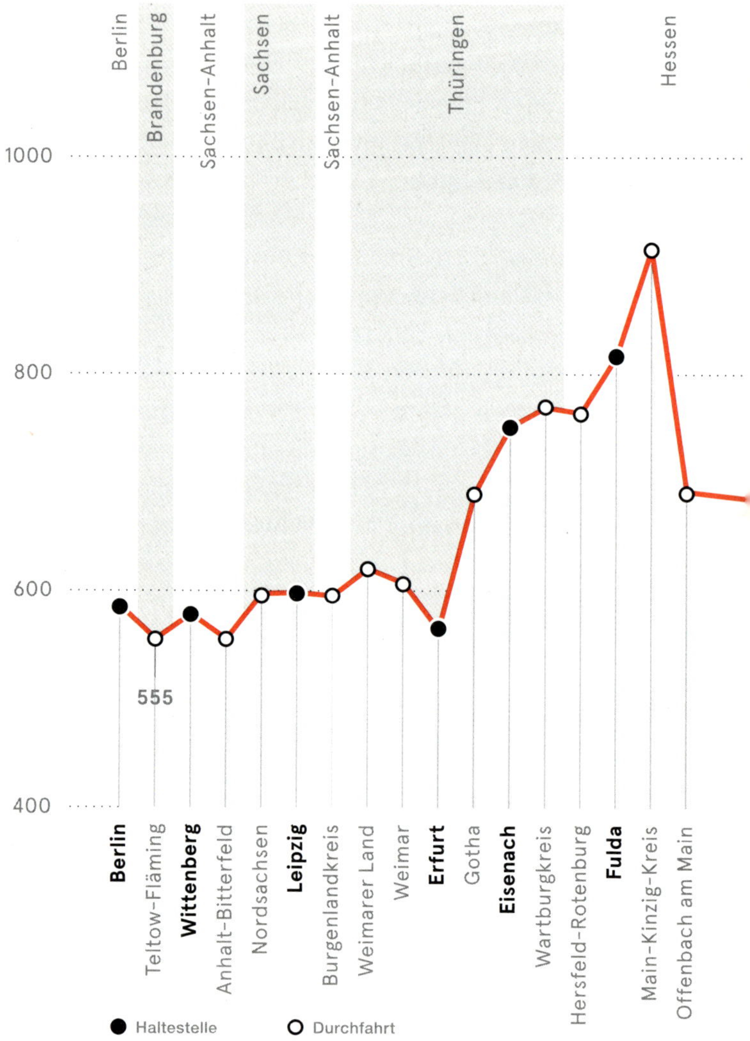

Berlin
Brandenburg
Sachsen-Anhalt
Sachsen
Sachsen-Anhalt
Thüringen
Hessen
1000
800
600
400
555
Berlin
Teltow-Fläming
Wittenberg
Anhalt-Bitterfeld
Nordsachsen
Leipzig
Burgenlandkreis
Weimarer Land
Weimar
Erfurt
Gotha
Eisenach
Wartburgkreis
Hersfeld-Rotenburg
Fulda
Main-Kinzig-Kreis
Offenbach am Main
Haltestelle
Durchfahrt

REGENMENGE

in Litern pro Quadratmeter

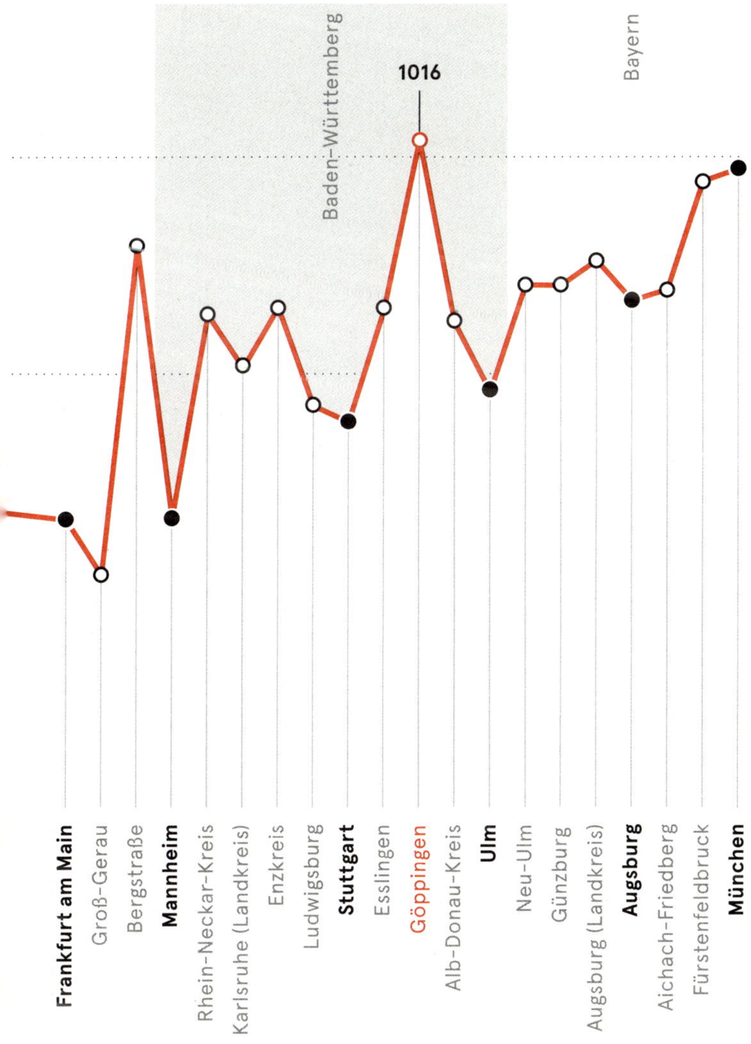

(813 Liter). Im weiteren Verlauf müssen die Anwohner entlang der Linie überdurchschnittlich häufig zum Regenschirm greifen. Am zweitmeisten nach Göppingen regnet es in München mit 993 Litern pro Quadratmeter.

Je höher eine Region liege, desto mehr regne es, erklärt Frank Kreienkamp vom DWD. Außerdem befinden wir uns auf der Hauptwindseite des Gebirges – auch Stauseite genannt –, was diesen Effekt noch verstärke. Tatsächlich fahren wir mit unserem Zug mittlerweile mehr als 500 Meter über dem Meeresspiegel.

Die geringe Niederschlagsmenge zu Beginn unserer Route erklärt sich laut Kreienkamp vor allem dadurch, dass sie weit entfernt vom Meer mit seinen hohen Niederschlagsmengen liege. Außerdem befindet sich die Strecke von Berlin bis Nordsachsen auch immer unter 100 Metern Höhe, wo es tendenziell weniger regnet.

Übrigens gilt ja Hamburg als die Stadt mit ständigem Dauerregen und Schietwetter. Betrachtet man die Statistik, zeigt sich aber, dass es dort mit 789 Litern rein mengenmäßig eher unterdurchschnittlich viel regnet. Allerdings regnet es tatsächlich öfter und länger – aber durch Sprühregen mit geringeren Niederschlagsmengen. Auch noch ganz interessant: Der bayerische Landkreis Regen macht seinem Namen alle Ehre. Mit 1223 Litern regnet es dort deutlich mehr als im Bundesdurchschnitt.

Kilometer 794

Landkreis Alb-Donau-Kreis

Von «ingen» bis «itz» – woher die Ortsnamen kommen

Draußen ist es inzwischen stockdunkel. Die Fenster sind Spiegel: Schaut man raus, sieht man nur noch schwarz – und sich selbst. Und nach acht Stunden Bahnfahrt ist das nicht mehr der erfreulichste Anblick. Ich schaue lieber wieder einmal aufs ICE-Portal, um nachzusehen, wo wir uns gerade befinden.

Die Umgebungskarte zeigt fast nur Ortsnamen, die auf «ingen» enden. Allmendingen, Altbierlingen, Altsteußlingen, Asselfingen, Beiningen, Bermaringen, Bollingen, Börslingen, Böttingen, Breitingen, Dächingen, Dellmensingen, Dettingen, Dietingen, Ehingen, Emeringen, Emerkingen, Ersingen, Göttingen, Griesingen, Großallmendingen, Grötzingen, Herrlingen, Hörvelsingen, Hundersingen, Justingen, Kirchbierlingen, Kleinallmendingen, Laichingen, Merklingen, Mundeldingen, Munderkingen, Mundingen, Mussingen, Nellingen, Oberdischingen, Obergriesingen, Oberherrlingen, Oberschelklingen, Öllingen, Öpfingen, Oppingen, Ramminge, Ringingen, Schelklingen, Schnürpflingen, Setzingen, Söglingen, Suppingen, Talsteußlingen, Tomerdingen, Untergriesingen, Unterwachingen, Unterwilzingen, Weilersteußlingen, Wettingen, Wippingen, Zähringen.

Wir durchqueren gerade zweifellos die «ingen»-Hochburg Deutschlands. Das bestätigt auch eine Auswertung von Ortsnamen aus der Datenbank «GeoNames», die man im Web herunterladen kann. Diese enthält mehr als elf Millionen Ortsnamen aus aller Welt. Die deutschen Orte mit den entsprechenden Endungen habe ich für dieses Buch dann auf Kreise umgerechnet. Die Idee dazu kommt von dem Datenvisualisierungsexperten Moritz Stefaner und seinem Projekt «-ach, -ingen, -zell».

Über ganz Deutschland verteilt gibt es 1665 Orte mit diesem Suffix. Aber etwa die Hälfte (780) von ihnen liegt in Baden-Württemberg. Der Alb-Donau-Kreis hält dabei unumstritten den Rekord im ganzen Land: Jeder fünfte Ortsname (59) endet dort auf die Nachsilben «ingen».

Man mag sich fragen, was es mit diesen Nachsilben «ingen» überhaupt auf sich hat. Sie haben mit der Geschichte Baden-Württembergs zu tun. Die Alemannen, eine Bevölkerungsgruppe wie etwa die Franken, Friesen oder Sachsen, haben im Südwesten deutliche Spuren hinterlassen, zum Beispiel bei Ortsnamen. Sie bezeichneten ihre Dörfer nach deren Bewohnern, die sich ihrerseits nach ihrem Sippenoberhaupt nannten. Die Endung «ingen» hieß so viel wie: «Hier wohnen die Blutsverwandten des Geppo» (heute: Göppingen) oder «bei den Leuten, die in der von Sigmar gegründeten Siedlung wohnen» (heute: Sigmaringen). Diese Art der Ortsbezeichnung ist sehr alt und fand in einer recht frühen Siedlungsphase, ungefähr im 5. und 6. Jahrhundert, statt.

ORTE MIT DER ENDUNG «INGEN»

Anzahl

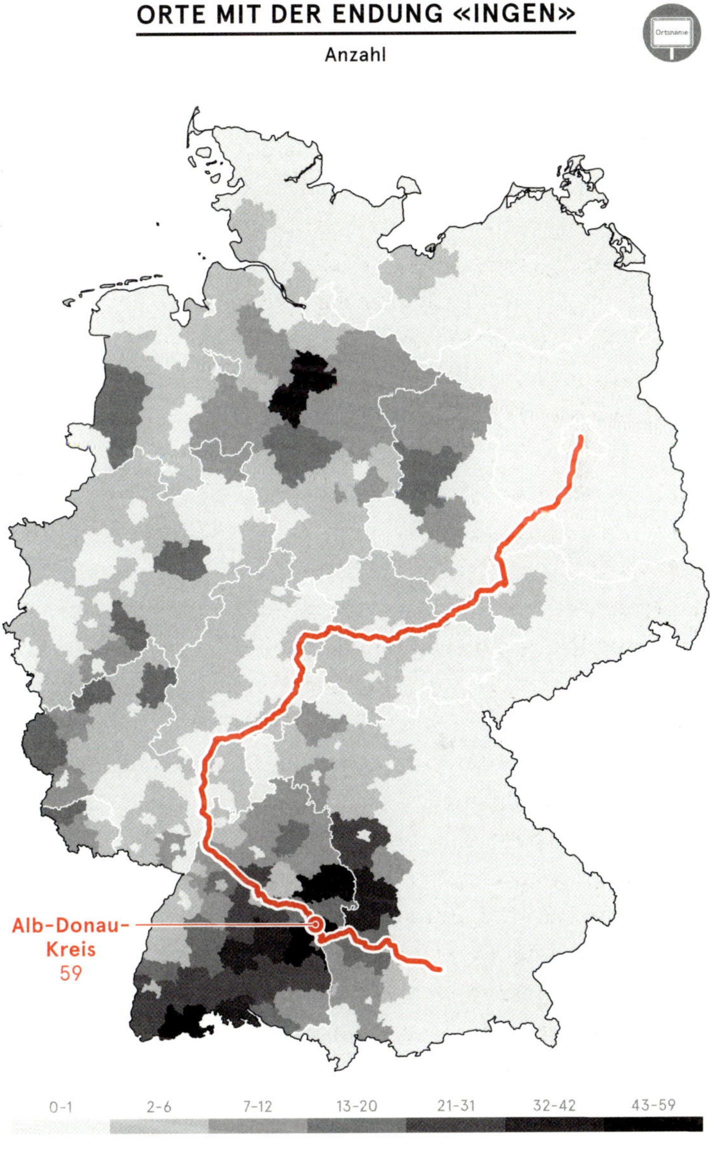

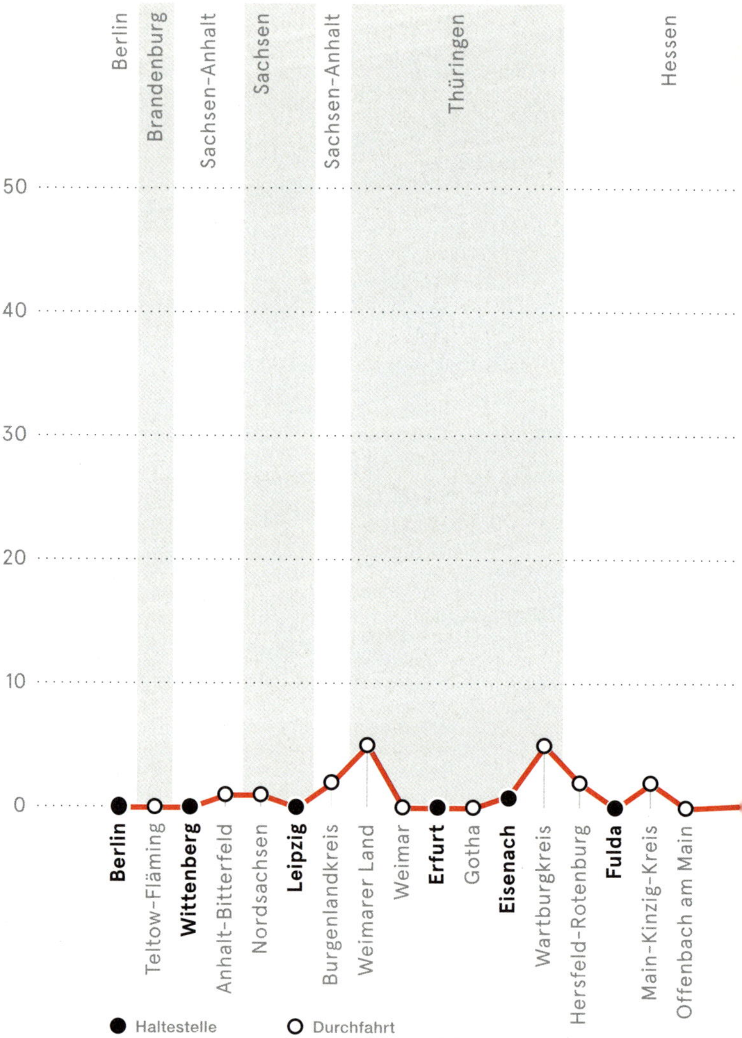
Berlin
Brandenburg
Sachsen-Anhalt
Sachsen
Sachsen-Anhalt
Thüringen
Hessen
50
40
30
20
10
0
Berlin
Teltow-Fläming
Wittenberg
Anhalt-Bitterfeld
Nordsachsen
Leipzig
Burgenlandkreis
Weimarer Land
Weimar
Erfurt
Gotha
Eisenach
Wartburgkreis
Hersfeld-Rotenburg
Fulda
Main-Kinzig-Kreis
Offenbach am Main
Haltestelle
Durchfahrt

ORTE MIT DER ENDUNG «INGEN»

Anzahl

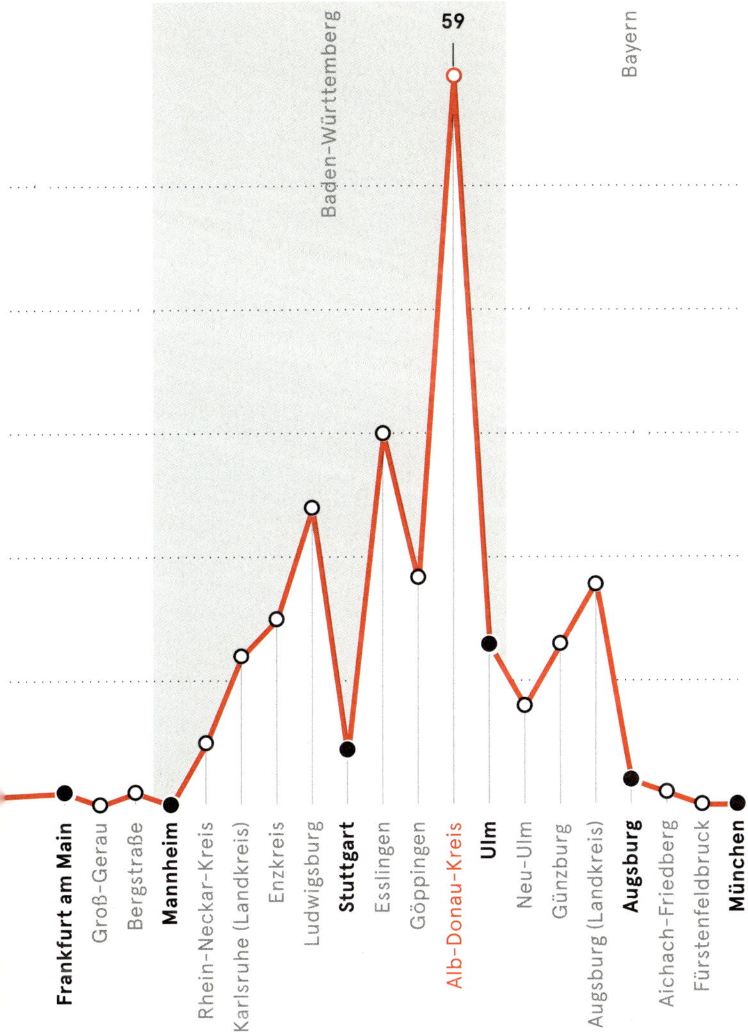

Eine weitere Endung entlang unserer Route ist «itz» in Sachsen. Allein in Nordsachsen, das die Linie 11 durchquert, heißen 135 Orte so. Möhritz, Tauschwitz oder Peterwitz erinnern heute noch an die slawische Besiedlung östlich der Elbe nach der Völkerwanderungszeit zwischen dem 6. und 10. Jahrhundert. Ähnlich wie bei «ingen» gibt «itz» Hinweise auf die Benennung der früheren Siedlungen nach Führerpersönlichkeiten: «Dies ist der Ort der Leute des ...»

Zurück zu «ingen». Die Endung bleibt dieselbe, aber etwas anderes fällt bei «Michelbach an der Bilz-Gschlachtenbretzingen» im Nachbarkreis Schwäbisch Hall ganz besonders auf. Mit 40 (!) Buchstaben ist der Ortsname der längste in der Bundesrepublik.

Kilometer 821

Ulm Hbf., ab 17:06 Uhr

Erfinder und Tüftler

Ein Vater lässt seinen etwa sechs Monate alten Sohn neben mir durch den Gang krabbeln. Bei genauem Hinsehen ist der Teppichboden an vielen Stellen ausgelatscht, an einer Stelle wird ein Loch darin inklusive Laufmasche zur Stolperfalle. Zwar nicht für den kleinen Krabbler, aber für alle anderen Reisenden. Ansonsten ist unser ICE zumindest in dem für Passagiere sichtbaren Bereich noch gut in Schuss. Wie kann das sein? 58 ICE aus der ersten Baureihe fahren heute noch. Auch unser Zug ist seit den 90ern andauernd kreuz und quer durch Deutschland unterwegs. Etwa 13 Millionen Kilometer hat jedes Modell dieser Baureihe schon auf dem Buckel, jeden Tag fahren sie durchschnittlich fast 1500 Kilometer weit.

Alle paar Jahre werden die ICE technisch und optisch erneuert. 2005 wurden zum Beispiel alle ICE 1 komplett entkernt und mit neuen Sitzen und Teppichen bestückt. Für viele Lokführer ist der Einser immer noch der stabilste und am besten konstruierte Zug.

Trotzdem sind mittlerweile modernere Modelle wie der ICE 4 unterwegs. Die vierte Generation ist mit einigen technischen Neuerungen ausgestattet. Sie wird zum Beispiel nicht mehr nur von einer Lok, sondern von mehreren sogenannten Powercars, zusätzlichen Triebwagen, betrieben. Motoren und Antriebe, verteilt auf mehrere Waggons – eine Erfindung von Siemens.

Mit Patenten lassen sich solche Erfindungen schützen – derzeit sind 615 404 in Deutschland in Kraft. Innerhalb der Bundesrepublik dürfen diese technischen Erfindungen also nicht kopiert werden. Zu den bestehenden Patenten kommt eine hohe Zahl von Anmeldungen, die höchste in ganz Europa. Allein 2016 sind 67 898 Anträge beim Deutschen Patent- und Markenamt eingegangen – das entspricht etwa 0,9 Patenten pro 1000 Einwohner. Pro Kopf gerechnet liegen weltweit nur Südkorea, Japan, Schweiz und die USA vor Deutschland.

48 474 Patente wurden 2016 von deutschen Tüftlern beantragt – diese Zahl beinhaltet im Gegensatz zu der vorherigen keine Anmeldungen aus dem Ausland. Besonders viele kreative Köpfe sind im Südwesten und Südosten der Republik beheimatet. Fast zwei Drittel (62 Prozent) dieser innerdeutschen Patente wurden in Baden-Württemberg und Bayern angemeldet. Das scheint naheliegend, da dort Unternehmen wie Bosch, Schaeffler und Daimler sitzen, auf deren Konto 2016 allein fast 8000 Patente gingen.

Allerdings findet man in der Datenbank des Deutschen Patent- und Markenamts auch die Postleitzahl jedes einzelnen Erfinders. Anhand dieser Daten kann die regional sehr unterschiedliche Verteilung des Erfindergeistes in Deutschland gezeigt werden. Dabei wird auch deutlich, dass die Linie 11 durch eine der innovativsten Regionen Deutschlands fährt. Mit 1243 Patenten beziehungsweise Patentbeteiligungen in den vergangenen 15 Jahren – das entspricht

PATENTE

Anmeldungen pro 1000 Einwohner

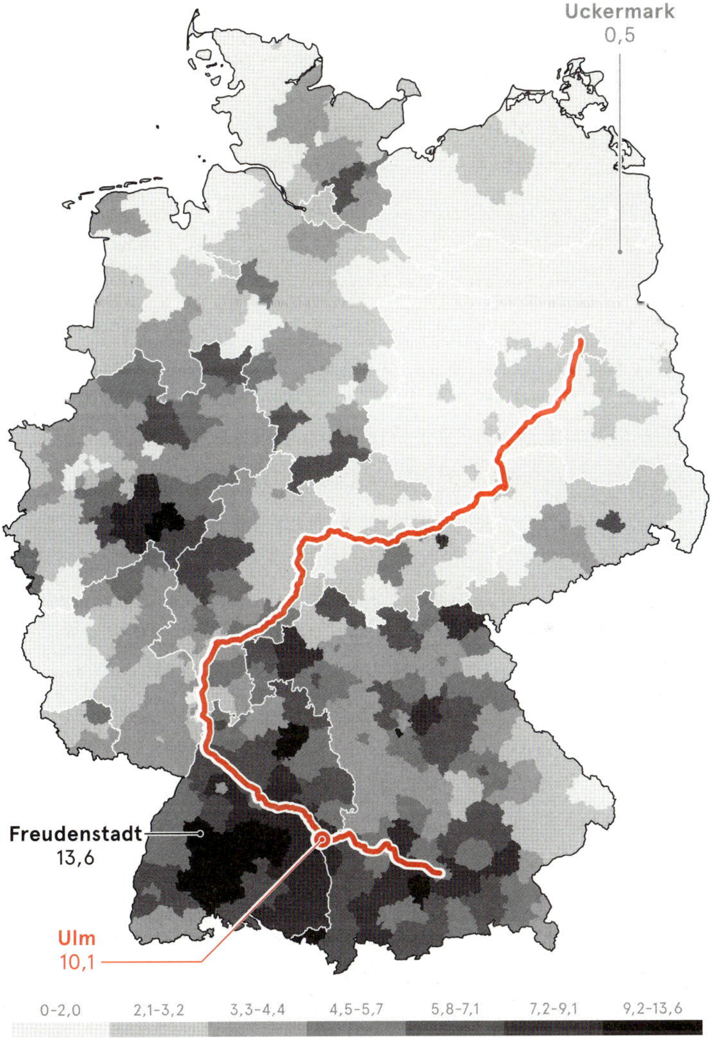

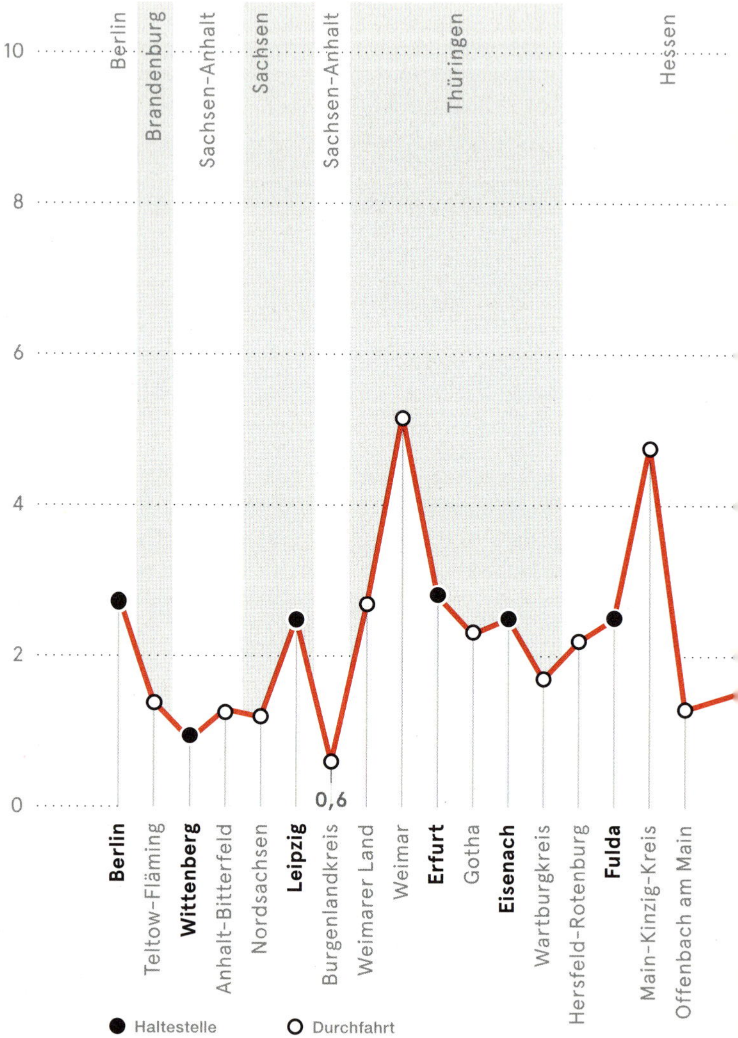

10
8
6
4
2
0
Berlin
Brandenburg
Sachsen-Anhalt
Sachsen
Sachsen-Anhalt
Thüringen
Hessen
0,6
Berlin
Teltow-Fläming
Wittenberg
Anhalt-Bitterfeld
Nordsachsen
Leipzig
Burgenlandkreis
Weimarer Land
Weimar
Erfurt
Gotha
Eisenach
Wartburgkreis
Hersfeld-Rotenburg
Fulda
Main-Kinzig-Kreis
Offenbach am Main
Haltestelle
Durchfahrt

PATENTE

Anmeldungen pro 1000 Einwohner

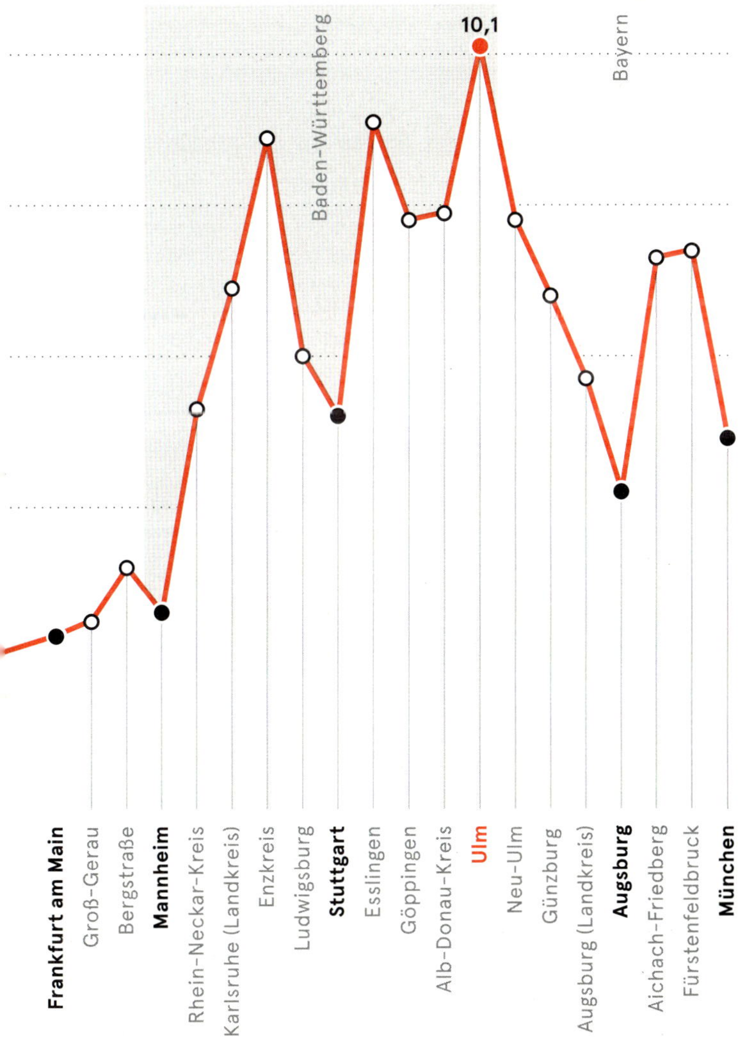

10,1 Anmeldungen pro 1000 Einwohner – zählt Ulm zu den zehn größten deutschen Erfinderregionen.

Selbstredend braucht nicht jeder ein «Schalungselement für einen Pumpensumpf» oder einen «selbstfahrenden Feldhäcksler». Aber im Alltag vieler Menschen und Berufsstände erweisen sich solche und andere Tüftlerleistungen aus Ulm als tagtäglicher Segen. Bereits Mitte des 19. Jahrhunderts erhielten Ulmer Erfinder zwei Patente pro Jahr. Bis heute zählen die Spielplatzschaukel und die Feuerwehrdrehleiter zu den wichtigsten Erfindungen der Stadt.

Der Erfindergeist hat Tradition in Süddeutschland. Nicht nur das Auto gelangte dort zum Patent, sondern auch die Motorsäge oder der Plastikdübel.

Für die Langzeitauswertung wurden die Patente seit 2002 herangezogen, da es 2001 in Deutschland eine umfangreiche Postleitzahlenreform gab. Rund 350 000 Patente lassen sich so Kreisen und kreisfreien Städten zuordnen. Bei mehreren Erfindern wird die Anzahl entsprechend geteilt; bei zwei Erfindern werden also für jede Postleitzahl 0,5 Patente gerechnet. Man spricht in diesem Fall besser von Patentbeteiligungen.

Ulmer Patente haben es übrigens bis nach Hollywood geschafft. Seit «Dr. No» ist kein James Bond mehr ohne seine Walther PPK denkbar – einer Erfindung des in der Stadt angesiedelten gleichnamigen Waffenherstellers.

Kilometer 871

Landkreis Augsburg

Über den Weißwurstäquator

So frisch wie heute Morgen, als unser ICE direkt aus dem Bahnwerk Berlin-Rummelsburg kam, riecht es hier mittlerweile nicht mehr. Der typische metallische Bahngeruch aus abgeriebener Bremse wird übertüncht von einer leichten Schweißnote, einem Schuss zu dick aufgetragenem Männerparfüm und einer Prise Käsefuß. Immerhin wurden vor etwa zehn Jahren Raucherabteile abgeschafft und Zigaretten im Bordbistro verboten. Jetzt breitet sich auch noch Essensgeruch in unserem Wagen aus. Die Frau schräg gegenüber von mir fischt genüsslich Chips aus einer grünen Pappröhre, während sie auf ihr iPad starrt. Cheese and Onion. Zum Glück packt nicht noch jemand seine Tupperware, gefüllt mit Selbstgekochtem, aus. Was zu Hause am Esstisch bestimmt hervorragend schmeckt, ist für Mitreisende meist eine olfaktorische Zumutung. Und je nach Region können das die unterschiedlichsten Dinge sein. Von Dibbelabbes, also Kartoffelauflauf mit Zwiebeln, Fleisch, Brötchen und Eiern, bis Handkäs mit Musik, Sauermilchkäse in einer Marinade aus Essig, Wein, Öl, Zwiebeln.

Ganz nach dem Motto «Zeig mir den Inhalt deiner Tupperbox, und ich sage dir, woher du kommst» existieren in Deutschland zahllose typische regionale Spezialitäten. Welche das sind, zeigt sich in den Rezeptanfragen bei Google.

Die Suchanfragen weisen bei Gerichten und Speisen deutliche regionale Muster auf und geben ein recht exaktes Bild von den Essgewohnheiten in verschiedenen Regionen. Sie zeigen: Im Landkreis Augsburg überqueren wir gerade den Weißwurstäquator. Bis hier suchen Hungrige per Google eher nach schwäbischen Maultaschen – auch «Herrgotts-Bscheißerle» genannt. Der Legende nach wollten Mönche am Karfreitag nicht auf Fleisch verzichten und versteckten es im Teigmantel. Ab Augsburg stehen dann die bayerischen Weißwürste im Mittelpunkt der Suchmaschinen-Aufmerksamkeit.

Dabei war es schon immer strittig, wo diese imaginäre Kulturgrenze eigentlich genau liegt. Wenn einige Wurstliebhaber den Main hierfür reklamieren, so verteidigen andere Weißwurstfans den 49. Breitengrad in diesem Glaubenskrieg. Manch ein Zeitgenosse zieht die Grenze sogar lediglich als 100-Kilometer-Radius um die Stadt München herum. Laut Duden jedenfalls ist der Weißwurstäquator eine «(als nördliche Grenze Bayerns oder Süddeutschlands gedachte) etwa dem Lauf des Mains entsprechende Linie». Anhand des Google-Verhaltens gibt es jetzt also eine weitere imaginäre Grenze.

Natürlich funktioniert das auch bei anderen Gerichten: So interessieren sich zum Beispiel entlang der ICE-Strecke Hobbyköche von Berlin bis zum Weimarer Land vor allem für das Rezept der «Königsberger Klopse». Bis Erfurt dann sind

«WEISSWURST» ODER «MAULTASCHEN»

als Suchvolumen bei Google (Index)

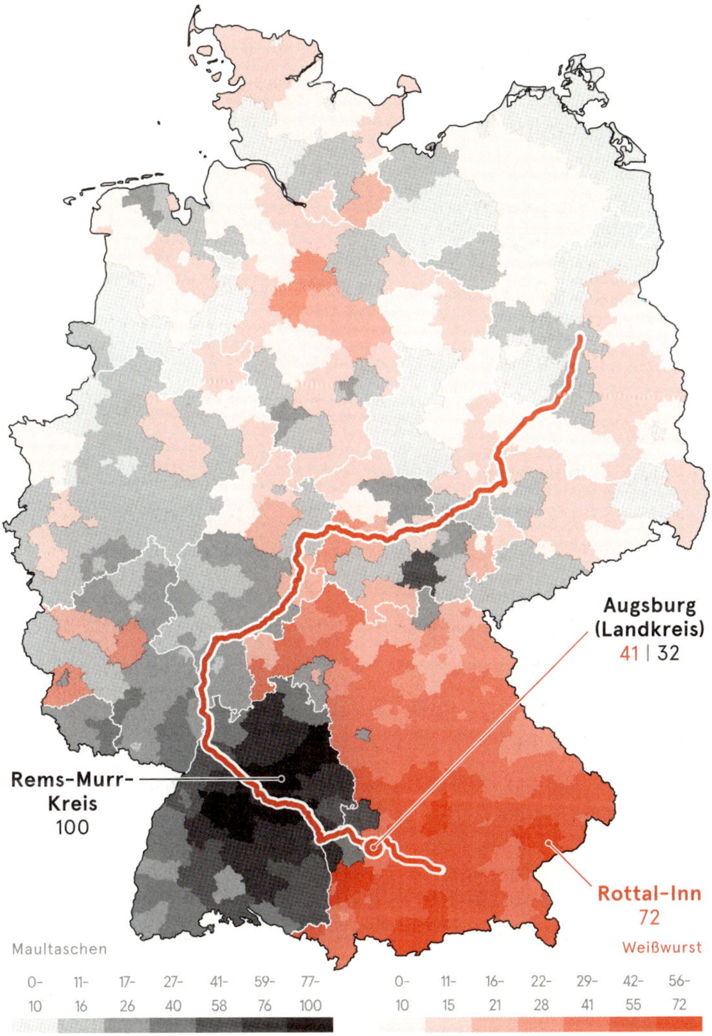

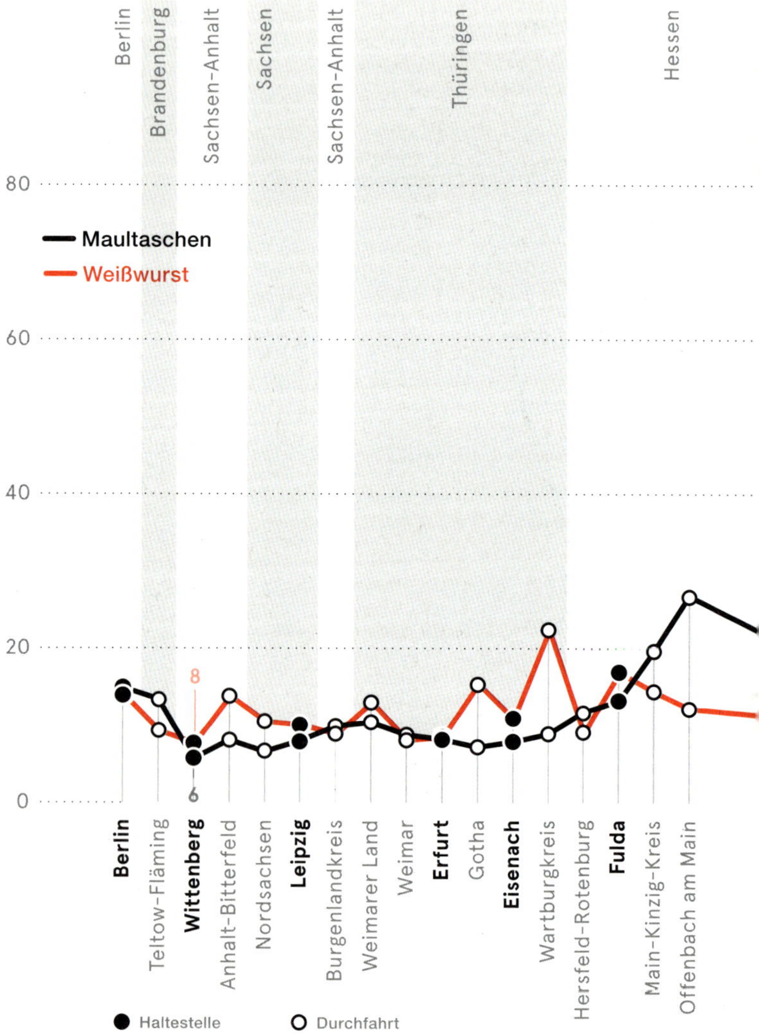
Berlin
Brandenburg
Sachsen-Anhalt
Sachsen
Sachsen-Anhalt
Thüringen
Hessen
80
60
40
20
0
Maultaschen
Weißwurst
8
6
Berlin
Teltow-Fläming
Wittenberg
Anhalt-Bitterfeld
Nordsachsen
Leipzig
Burgenlandkreis
Weimarer Land
Weimar
Erfurt
Gotha
Eisenach
Wartburgkreis
Hersfeld-Rotenburg
Fulda
Main-Kinzig-Kreis
Offenbach am Main
Haltestelle
Durchfahrt

«WEISSWURST» ODER «MAULTASCHEN»

als Suchvolumen bei Google (Index)

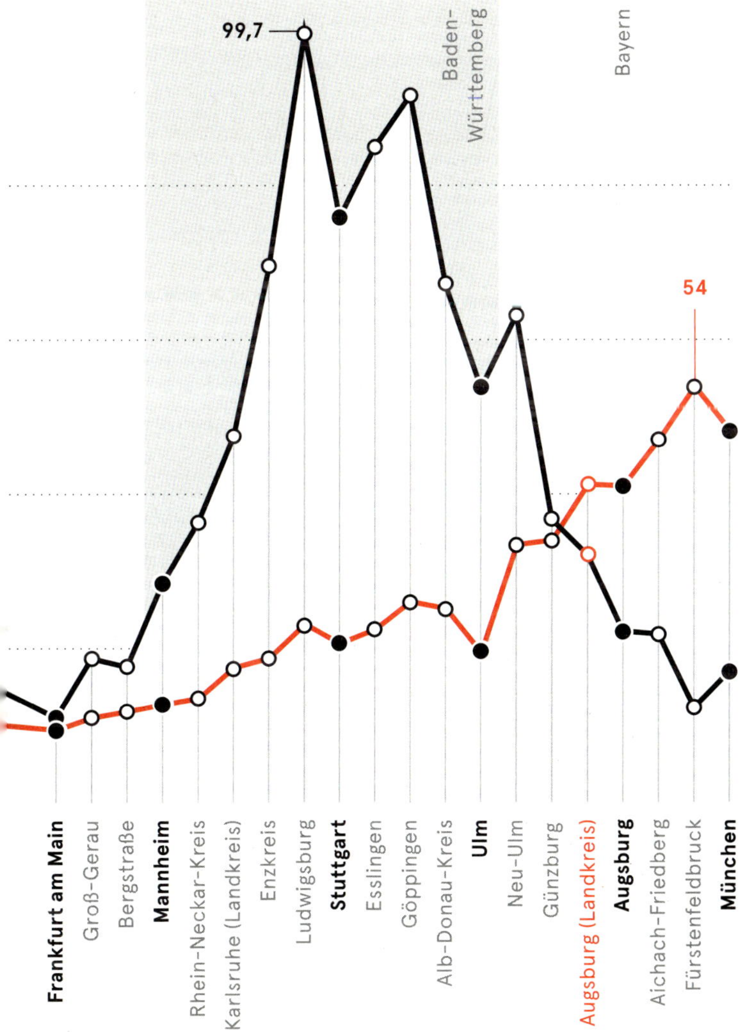

eher «Würzfleisch»-Anleitungen gefragt. In Hessen schließlich legt man Wert auf «Handkäs»-Zubereitungshinweise.

Falls jemand schon seine regionale Spezialität in der Bahn verzehren möchte, dann wäre mir übrigens eine geruchsneutrale Schwarzwälder Kirschtorte am liebsten.

Kilometer 907
Augsburg Hbf., ab 17:45 Uhr

Taschendiebe an Bord

Um dem muffigen Großraum zu entkommen, entschließe ich mich zu einem Platzwechsel. Ich schnappe meine Jacke, Umhängetasche und Trolley und mache mich auf den Weg. Die Abteile nebenan sehen alle ziemlich voll aus. Das erste ist von einer Mutter mit zwei Kindern zu einem Kinderzimmer umfunktioniert worden. Der Boden ist mit Spielzeug gepflastert, aus einem Handy ertönen Kinderlieder. Im zweiten sitzen zwei Männer, außerdem eine Polizistin in Uniform. Für einen akuten Einsatz ist sie wohl nicht hier, gemütlich, wie sie in einem Magazin blättert. Vielleicht reist sie privat oder ist auf dem Weg zur Arbeit und trägt ihre Dienstuniform, um kein Ticket lösen zu müssen. Dieses Angebot (gültig in der zweiten Klasse ohne Anspruch auf einen Sitzplatz) soll die gefühlte Sicherheit der Passagiere erhöhen, außerdem sind die Polizisten in strittigen Situationen Ansprechpartner für Bahnangestellte.

Wahrscheinlich hilft aber auch die Präsenz der Polizisten wenig, wenn es um den schnellen Diebstahl geht. Einige Haltestellen zuvor war per Durchsage noch vor Taschen-

TASCHENDIEBSTÄHLE

pro 100 000 Einwohner

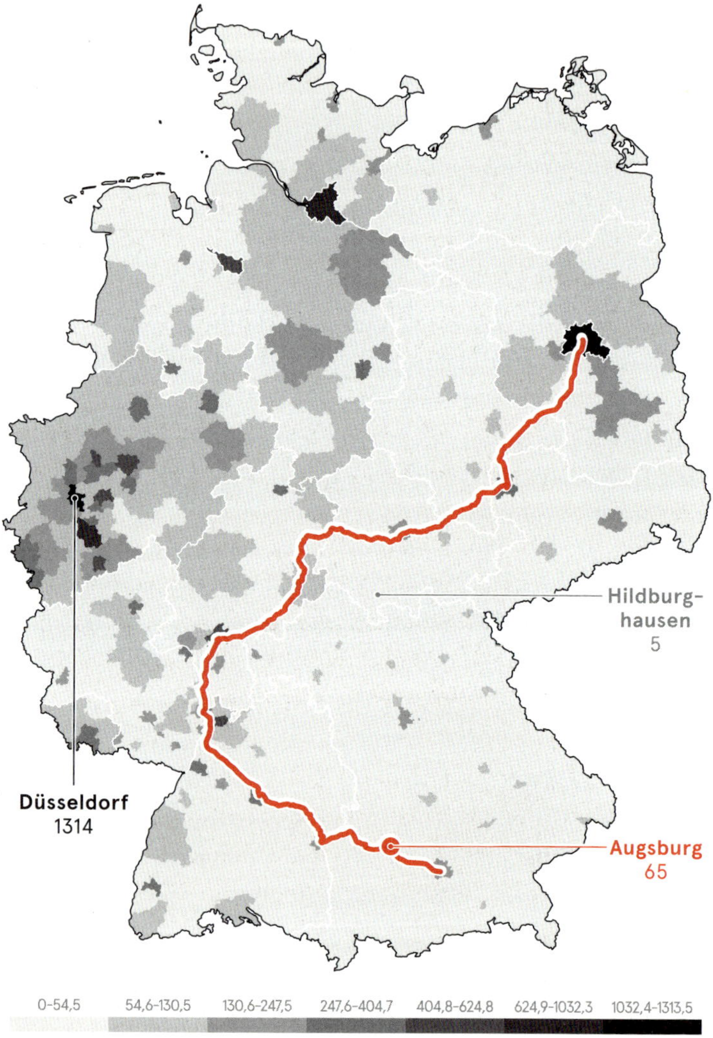

dieben gewarnt worden. Kommt der Zug in einem Bahnhof zum Stehen, steigen Diebe ein, greifen sich Laptops oder Handtaschen, und weg sind sie. Ein weiterer Trick: Zumeist älteren Menschen wird beim Einsteigen vermeintlich Unterstützung angeboten. Den Opfern wird das Gepäck in den Zug getragen. Dabei werden allerdings Geldbeutel oder andere Wertgegenstände geklaut.

Wird so eine Tat angezeigt, ist sie natürlich nur ein Fall unter vielen. Genauer gesagt, einer unter 41 700. So viele Taschendiebstähle wurden in Zügen und auf Bahnhöfen 2016 bei der Polizei zur Anzeige gebracht. Die weiteren häufigsten Straftaten sind Sachbeschädigung durch Graffiti, Körperverletzung gegen Dritte und Vandalismus. Zwar gibt die Bahn keine Zahlen zu Kriminalitäts-Hotspots heraus, die Polizei erfasst und veröffentlicht aber jährlich alle eingegangenen Anzeigen in Deutschland – darunter 164 771 Taschendiebstähle.

An unserer aktuellen Haltestelle Augsburg – übrigens eine der ältesten Städte Deutschlands – können Reisende eher beruhigt sein als anderswo. Mit 65 Anzeigen pro 100 000 Einwohner gibt es an keiner Großstadt-Haltestelle der Linie 11 weniger Taschendiebstähle. Zum Vergleich: In Berlin waren es noch 1271.

Wie die Grafik auf den ersten Blick zeigt, sind Taschendiebstähle vor allem ein Problem der Ballungsräume. Dort, wo viele Menschen und Touristen auf den Straßen unterwegs sind, gibt es mehr Taschendiebstähle. 83 Prozent aller Taschendiebstähle wurden in Großstädten angezeigt. Die Aufklärungsquoten sind gering.

Zum einen bemerken viele Betroffene den Diebstahl erst,

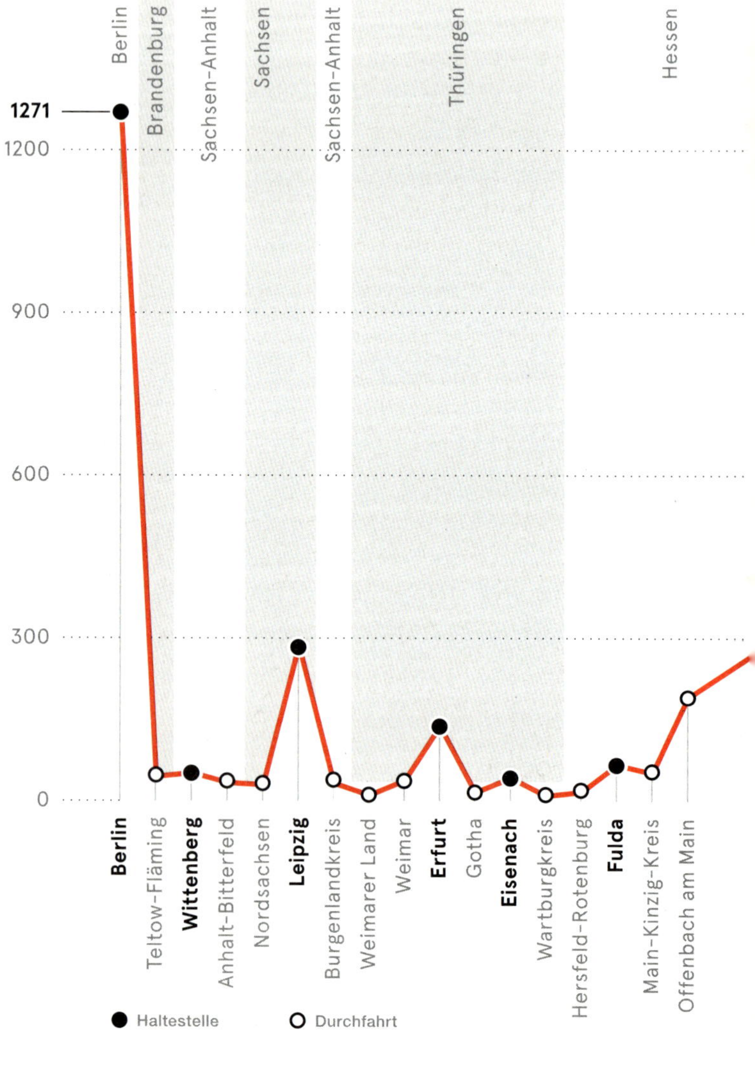

Berlin
Brandenburg
Sachsen-Anhalt
Sachsen
Sachsen-Anhalt
Thüringen
Hessen
1271
1200
900
600
300
0
Berlin
Teltow-Fläming
Wittenberg
Anhalt-Bitterfeld
Nordsachsen
Leipzig
Burgenlandkreis
Weimarer Land
Weimar
Erfurt
Gotha
Eisenach
Wartburgkreis
Hersfeld-Rotenburg
Fulda
Main-Kinzig-Kreis
Offenbach am Main
Haltestelle
Durchfahrt

TASCHENDIEBSTÄHLE

pro 100 000 Einwohner

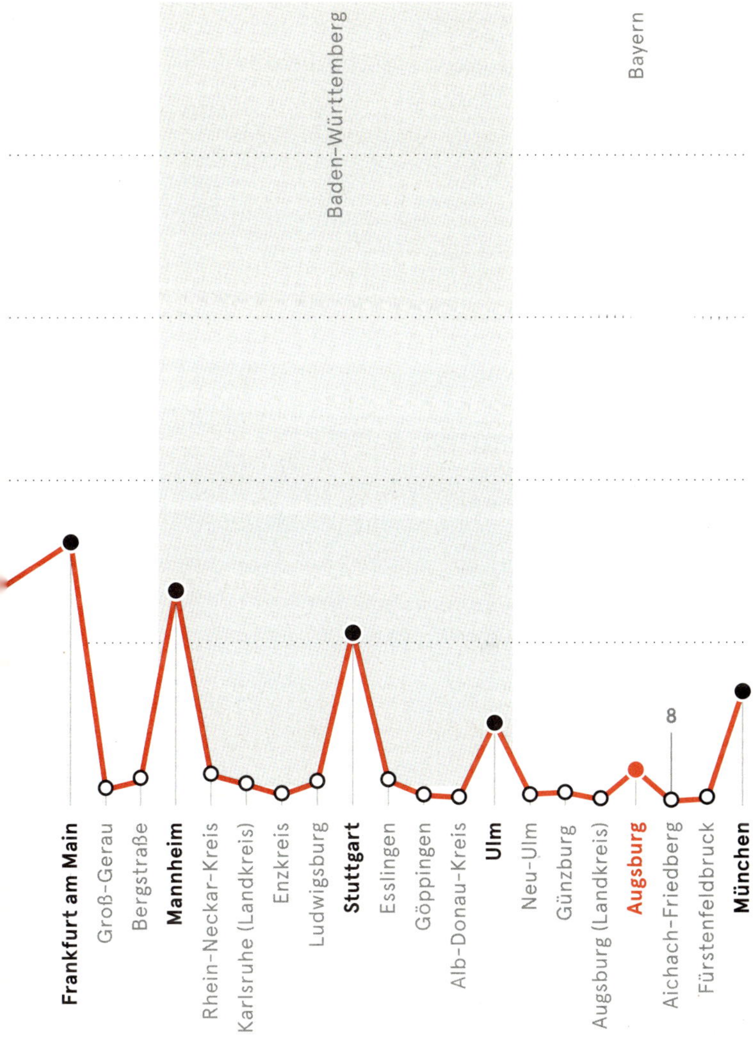

wenn die Täter verschwunden sind. Zum anderen ist es für die Polizei extrem schwierig, die Täter zu überführen. Oft handelt es sich um professionelle, international agierende Täter, die grenzüberschreitend in ganz Europa aktiv sind. Sie konzentrierten sich zumeist auf Touristen, die als einfache Ziele gelten.

Ganz anders sieht es in Bayern aus. Es gilt als sicherstes Bundesland. Im Aichach-Friedberg, dem Landkreis neben Augsburg, sind es mit acht Taschendiebstahl-Anzeigen pro 100 000 Einwohner sogar so wenig wie nirgends sonst entlang der Strecke. Allerdings sind die Zahlen mit Vorsicht zu genießen. In den Daten ist keine Dunkelziffer enthalten – viele Straftaten werden überhaupt nicht angezeigt. Die Zahlen bilden deshalb die Realität nur unvollständig ab. Eine Tendenz ist aber mehr als deutlich zu erkennen.

Zählt man alle Delikte zusammen, ist Berlin die Kriminalitätshauptstadt. Aber nicht bei allen Straftaten. Die meisten Schwarzfahrer werden in Frankfurt am Main erwischt. Bei Rauschgiftdelikten liegt die Nachbarstadt Offenbach am Main weit vorne. Und Graffiti-Hauptstadt ist Leipzig.

Kilometer 915

Landkreis Aichach-Friedberg

Immer der Arbeit nach: Pendeln in Deutschland

Die automatischen Glastüren sind immer wieder faszinierend. Meistens geht die Tür auf, und die Person läuft einfach durch, aber manchmal will sich die Tür einfach nicht öffnen. Jeder Passagier hat dann seine eigene Taktik. Einen Schritt zurück, einen Schritt vor, mit der Hand winken, den Sensor oben entlangfahren, den kleinen roten Knopf drücken, von Hand aufschieben. Und weil es draußen ja nichts mehr zu sehen gibt, schaut das ganze Abteil zu.

In Augsburg sind offenbar noch eine Menge Leute eingestiegen, permanent drückt sich jemand mehr oder weniger elegant mit Umhängetasche oder Handy am Ohr an mir vorbei. Sind das Pendler im Feierabendverkehr? Wohin wollen die denn alle?

Laut den «Pendlerverflechtungen der sozialversicherungspflichtig Beschäftigten nach Kreisen» der Bundesagentur für Arbeit pendeln täglich 1929 Menschen von München nach Augsburg. Darunter sind 1128 Männer, 801 Frauen, davon 26 Auszubildende. Auch nach vielen Jahren als Datenjournalist wundere ich mich doch des Öfteren über

PENDELDISTANZEN

in Kilometern

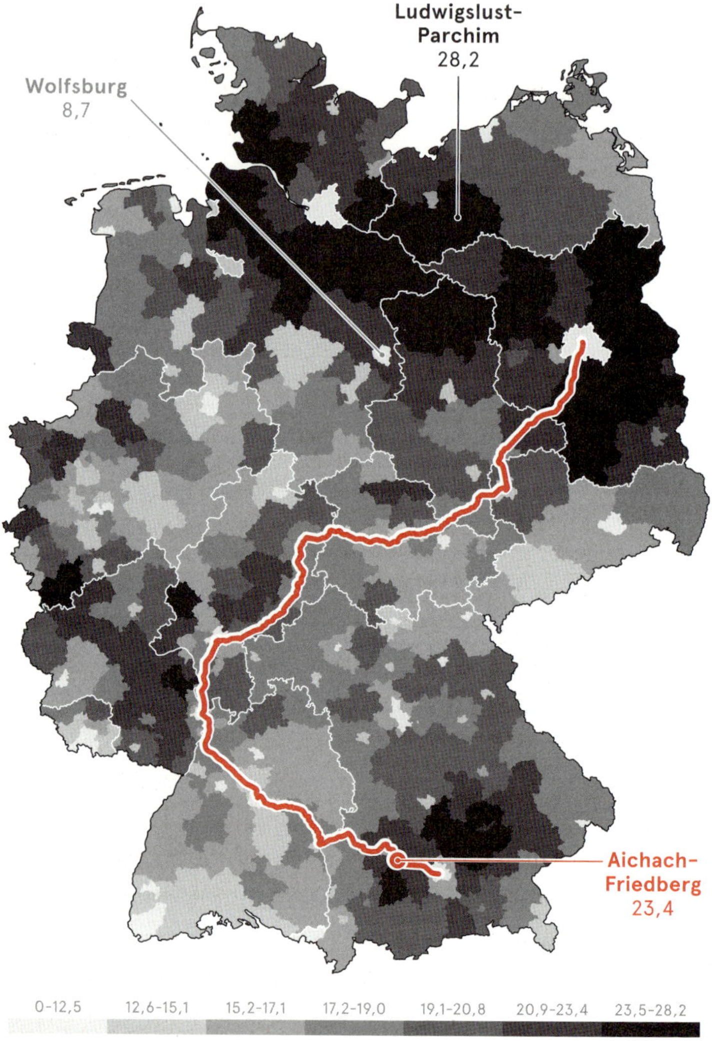

den Detailgrad so mancher Statistiken. Auf einzelne Fälle kann aus Behördenstatistiken aber nicht geschlossen werden, da Zahlen immer erst ab drei Fällen angegeben werden.

Nirgends in Deutschland pendeln mehr Menschen als nach München, 355 000 sozialversicherungspflichtig Beschäftigte von außerhalb stellen einen Spitzenwert dar. Frankfurt am Main folgt direkt dahinter mit 348 000 Pendlern auf Platz zwei. Gefolgt von Stuttgart und Düsseldorf. Größter Aufsteiger ist Berlin. Mit 274 000 Pendlern kommen 53 Prozent mehr Pendler in die Hauptstadt als noch im Jahr 2000.

In all diesen Städten können sich Normalverdiener oft die Miete nicht mehr leisten und ziehen in die «Speckgürtel» der Städte. Laut einer Studie des Bundesinstituts für Bau-, Stadt- und Raumforschung arbeitet mittlerweile mehr als die Hälfte aller Arbeitnehmer (60 Prozent) nicht mehr im eigenen Wohnort. Insbesondere das Umland profitiert vom Wachstum der wirtschaftsstarken Großstädte.

Durchschnittlich pendelt jeder Arbeitnehmer 16,8 Kilometer. Insbesondere um die Städte herum heben sich längere Pendlerbewegungen grafisch ab. Entlang unserer Linie pendeln die Berliner (10,6 Kilometer) und Münchner (10,7 Kilometer) eher auf Kurzstrecken. Am weitesten fahren die Pendler in ihren Umlandkreisen; in Aichach-Friedberg, durch den wir gerade fahren, sind es 23,4 Kilometer und in Teltow-Fläming 24,2 Kilometer.

Aber auch die Autobahnen dürften gerade voll sein. Gependelt wird laut Statistischem Bundesamt vor allem mit dem Auto (67,7 Prozent), auf Platz zwei folgt das Fahrrad (9 Prozent). Platz drei: U-Bahn und Straßenbahn (4,8 Prozent). Und auf dem vierten Platz folgt die Bahn (4,7 Prozent, inklusive S-Bahn).

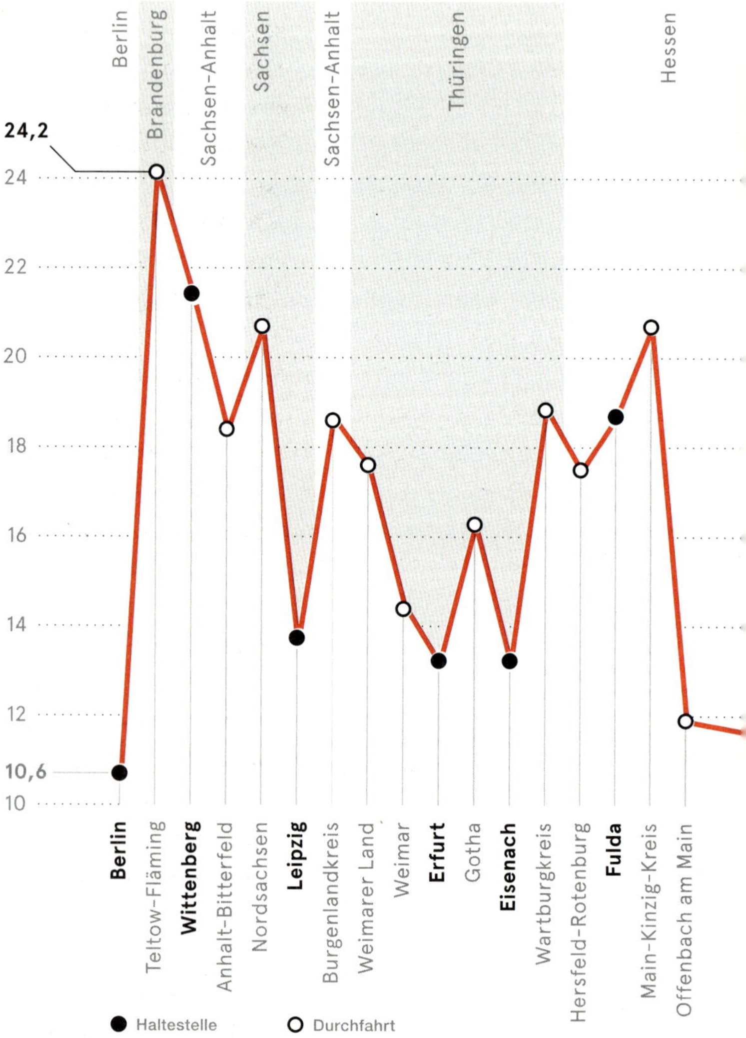
Berlin
Brandenburg
Sachsen-Anhalt
Sachsen
Sachsen-Anhalt
Thüringen
Hessen
24,2
24
22
20
18
16
14
12
10,6
10
Berlin
Teltow-Fläming
Wittenberg
Anhalt-Bitterfeld
Nordsachsen
Leipzig
Burgenlandkreis
Weimarer Land
Weimar
Erfurt
Gotha
Eisenach
Wartburgkreis
Hersfeld-Rotenburg
Fulda
Main-Kinzig-Kreis
Offenbach am Main
Haltestelle
Durchfahrt

PENDELDISTANZEN

in Kilometern

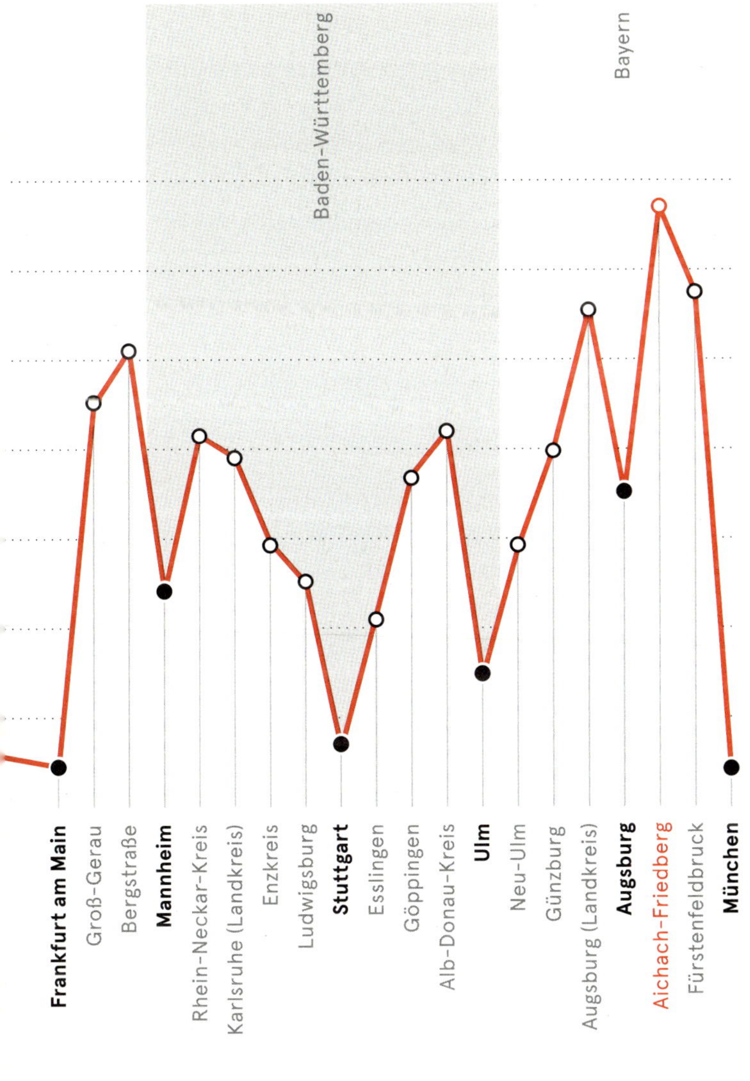

Die Pendlerdaten haben laut Thomas Pütz vom Bundesinstitut für Bau-, Stadt- und Raumforschung (BBSR) ihre Unschärfen. «Insbesondere bei Arbeitgebern mit mehreren Niederlassungen kann es zu Falschzuordnungen kommen. So kann es vorkommen, dass Personen in einem weit entfernten Ort als Arbeitsstelle gemeldet sind, diese aber nur der Firmenhauptsitz ist und der Arbeitnehmer diese Strecke gar nicht pendelt.» Darüber hinaus handele es sich vor allem bei längeren Strecken um Wochenendpendler, die am Arbeitsort einen Zweitwohnsitz haben. Auch müsse berücksichtigt werden, dass Arbeitnehmer nicht ständig physisch vor Ort sein müssten und zum Beispiel auch im Home Office tätig seien.

So kommen vermutlich die längsten Pendeldistanzen zwischen Sylt und dem Berchtesgadener Land oder zwischen Rügen und dem Kreis Lörrach mit jeweils mehr als 1100 Kilometern zustande. Zum Abschluss – mit den Einschränkungen im Hinterkopf – hier noch die Top-3-Pendlerzahlen ab Berlin:

Berlin – München: 5548

Berlin – Frankfurt am Main: 5272

Berlin – Leipzig: 1987

Kilometer 961

München-Pasing, an 18:05 Uhr

König Fußball und seine Fans

Bei eigentlich jeder Bahnfahrt gibt es irgendwo einen Trinkertisch, ob das Junggesellenabschiede sind oder der Kegelclub-Jahresausflug. Schon von weitem höre ich die Zugparty aus Wagen 4. Drei junge Männer und eine Frau, alle Mitte 20, sitzen am Vierertisch und diskutieren. Es riecht nach Bier und Schnaps. Als Wodkamischung dient Maracuja-Eistee von Rewe.

Auf den ersten Blick wird klar, dass die vier Fußballfans auf dem Weg in die Münchner Allianz Arena sind. Dort spielt ihr Verein, der 1. FC Köln, heute Abend gegen den Rekordmeister FC Bayern München. Ihre Trikots und die Schals in der Gepäckablage verraten es. Auf den letzten Metern setze ich mich auf einen freien Platz in der Nähe. Mit jedem Kilometer wird die Stimmung am Fußballtisch nebenan besser, das Prosten lauter. Das Spiel wird übrigens 1:0 ausgehen – für München.

Der FC Bayern ist der mitgliederstärkste Sportverein der Welt. Mit rund 300000 Mitgliedern hat der Club etwa

FC-BAYERN-FANCLUBS

pro 100 000 Einwohner

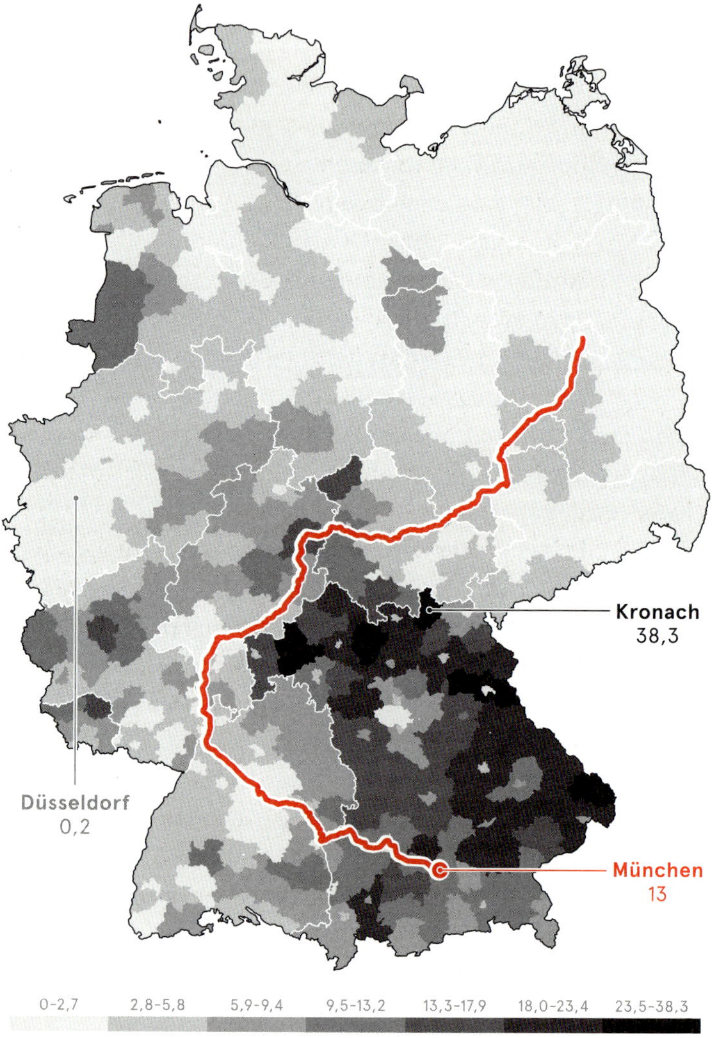

so viele Mitglieder wie Borussia Dortmund und Schalke 04 zusammen. Zwar gibt der Verein nicht preis, wie die regionale Verteilung der Mitglieder in Deutschland ist, auf seiner Webseite veröffentlicht er aber die Postleitzahlen seiner 4327 Fanclubs.

So kommt auf den ersten Blick überraschenderweise die größte Fanclubdichte nicht etwa wie allgemein vermutet aus München, sondern aus dem hessischen Hersfeld-Rotenburg. 18 Bayern-Fanclubs wie die «Biber Bazis» oder die «Power-Bayern Waldhessen» gibt es dort, 15 pro 100 000 Einwohner. In München sind es nur 13 (187 insgesamt). Fairerweise muss man dazu sagen, dass nichts über die jeweiligen Mitgliederzahlen der Fanclubs bekannt ist.

Der Blick auf die Karte löst das vermeintliche Rätsel aber weitgehend auf. Die Linie 11 schrammt in Hersfeld-Rotenburg knapp an Nordbayern vorbei, wo die Fanclubdichte am höchsten ist.

Zwar gibt es entlang der Linie 11 mit RB Leipzig, VfB Stuttgart, Hertha BSC, Eintracht Frankfurt und FC Augsburg noch fünf weitere Bundesligavereine. Aber einerseits veröffentlichen nicht alle die Zahl oder die Daten ihrer Fanclubs. Und andererseits hat kein Verein nur annähernd so eine große Verbreitung in Deutschland.

Fußball ist der beliebteste Sport der Deutschen. Der Deutsche Fußball-Bund (DFB) belegt mit mehr als sieben Millionen Mitgliedern mit großem Abstand Platz 1. Fast jeder zehnte Einwohner in Deutschland hat einen Spielerpass bei einem Fußballverein. Auf Platz 2: der Deutsche Turner-Bund mit knapp fünf Millionen Mitgliedern, gefolgt vom Deutschen Tennis Bund auf Platz 3 (1,4 Millionen

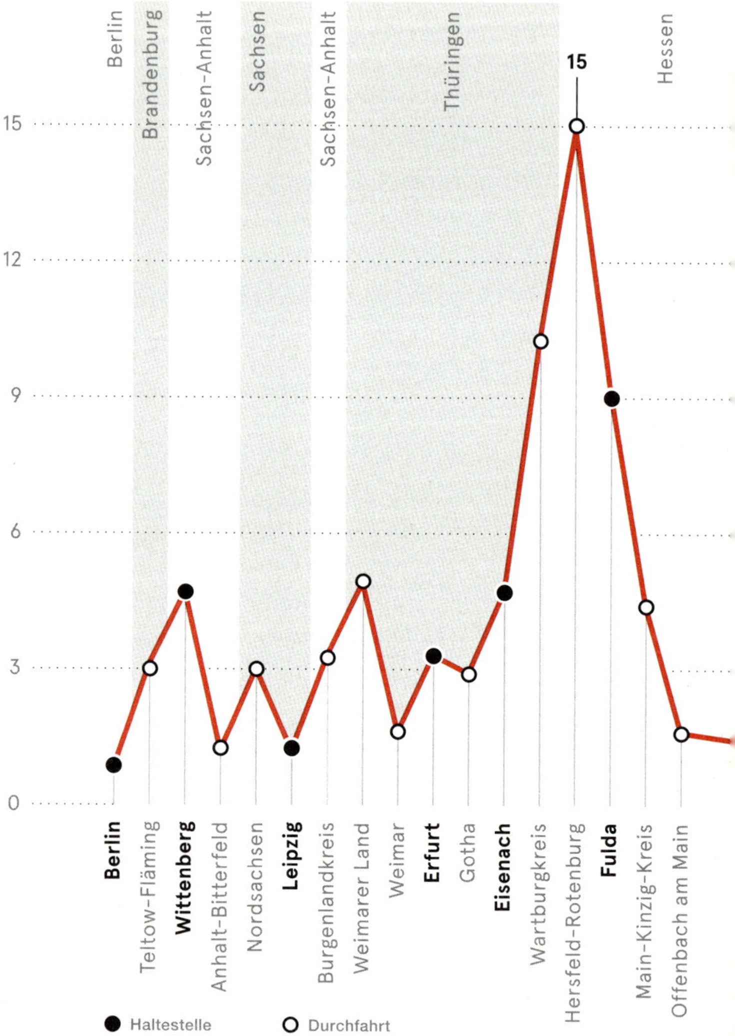
Berlin
Brandenburg
Sachsen-Anhalt
Sachsen
Sachsen-Anhalt
Thüringen
Hessen
15
0
3
6
9
12
15
Berlin
Teltow-Fläming
Wittenberg
Anhalt-Bitterfeld
Nordsachsen
Leipzig
Burgenlandkreis
Weimarer Land
Weimar
Erfurt
Gotha
Eisenach
Wartburgkreis
Hersfeld-Rotenburg
Fulda
Main-Kinzig-Kreis
Offenbach am Main
Haltestelle
Durchfahrt

FC-BAYERN-FANCLUBS

pro 100 000 Einwohner

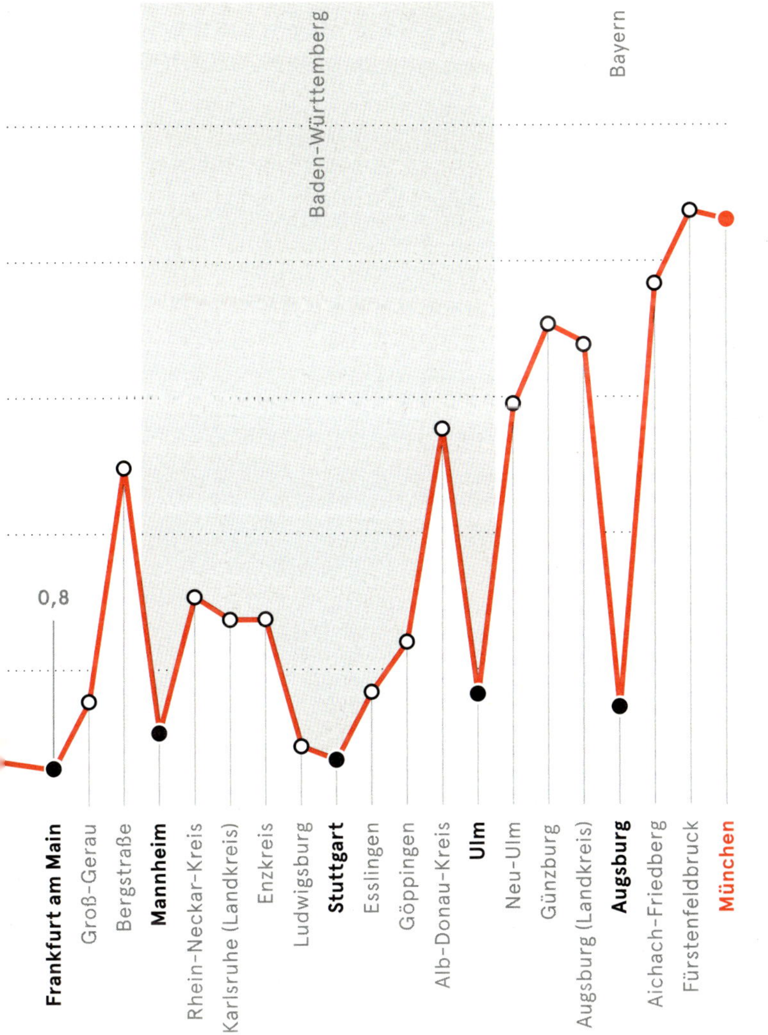

Mitglieder). Die weiteren Mannschafts-Ballsportarten: Handball (Platz 7), Volleyball (Platz 15) und Basketball (Platz 17).

An diesem Abend sind aber am ehesten weitere Fußballfans im Zug auf dem Weg zum Spiel. Kölner wie Bayern – ob nun von den «Kreuzberger Bayern» oder den «Eisenacher Drachentötern».

Kilometer 968
München Hbf., an 18:17 Uhr

Willkommen in der sonnenreichsten Stadt

«In wenigen Minuten erreichen wir München Hauptbahnhof, der Ausstieg in Fahrtrichtung links.» Nach rund neun Stunden und 965 Kilometern liegt unser ICE auf der Zielgeraden.

«Huch, ich habe meinen Regenschirm vergessen.» Hektisch quetscht sich eine Frau von fast ganz vorne an der Tür wieder zurück durch die Menschenmenge an ihren Platz.

Der Schirm ist eines von rund 250 000 Dingen, die jährlich im Fundbüro der Bahn abgegeben werden, das entspricht 650 Gegenständen täglich. Laut der Bahn werden etwa 60 Prozent von ihren Besitzern wieder abgeholt, der Rest wird nach einer gewissen Zeit bei geringem Wert entweder weggeworfen oder versteigert. Solche Versteigerungen finden einmal pro Woche im Fundbüro in Wuppertal statt. Die kuriosesten Fundstücke: Schwerter, Brustimplantate und Posaunen.

Am häufigsten werden laut der Fundbüro-Datenbank Koffer, Taschen und Rucksäcke (60 000 pro Jahr), Handys (50 000 pro Jahr) und Schlüssel (16 000 jährlich) verloren. Auch Regenschirme bilden einen großen Verlustposten, werden

SONNENSCHEIN

in Stunden pro Jahr

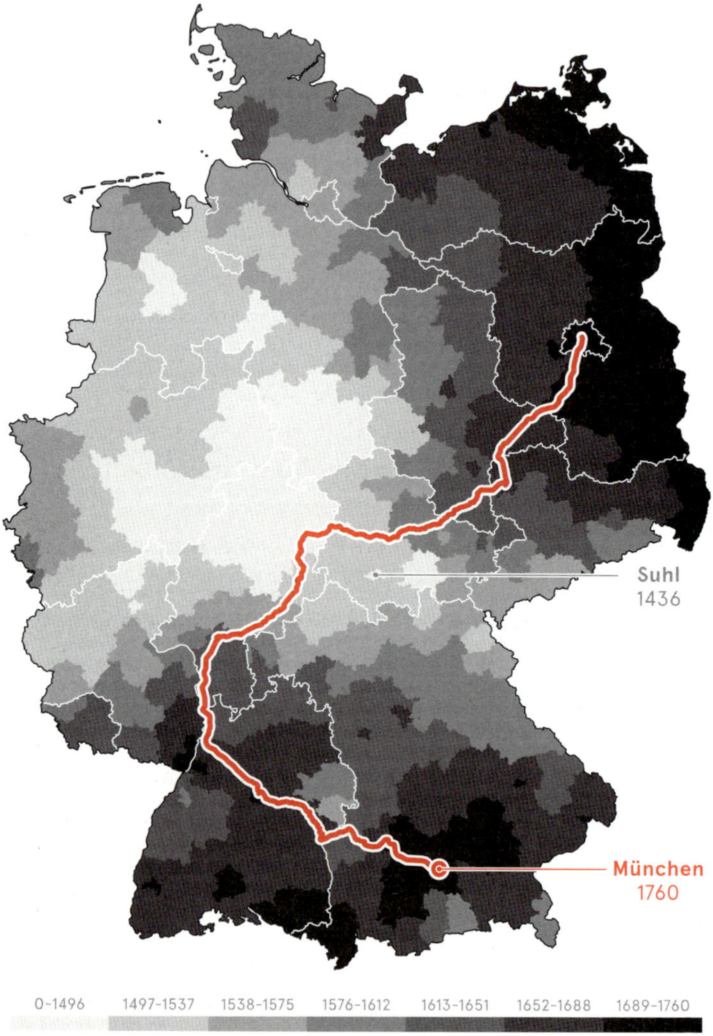

aber wegen ihres Werts, der meistens unterhalb von 15 Euro liegt, direkt entsorgt. In dem Fall meiner Mitreisenden ist das jetzt weniger dramatisch. Draußen ist es trocken.

Von Berlin bis München ist es ein weiter Weg. Aber in einer Sache sind sich die beiden Städte erstaunlich ähnlich. Auch wenn es in der Hauptstadt Bayerns recht viel regnet, benötigt man hier genauso oft eine Sonnenbrille. Denn die Sonne scheint mit 1760 Stunden im Jahr deutlich länger als sonst irgendwo in Deutschland – zumindest, wenn man Landkreise und kreisfreie Städte vergleicht. Mit 1705 Stunden ist der Wert in Berlin ähnlich hoch. Eine vergessene Sonnenbrille wiegt damit zumindest statistisch schwerer als ein Regenschirm.

Die Daten stammen wie schon bei der Regenmenge aus den Wetterstationen des Deutschen Wetterdienstes. Sie messen Temperatur, Niederschlag, Luftdruck, Wind – und auch Sonnenscheindauer.

Demnach scheint in Deutschland die Sonne jedes Jahr durchschnittlich 1600 Stunden. Am Stück entspräche das – mit zwölf Stunden pro Tag gerechnet – mehr als 132 Tagen Sonnenschein. Das heißt im Umkehrschluss auch: In Deutschland ist es meistens bewölkt. Aber immerhin führt die Linie 11 durch recht sonnige Gebiete der Republik. An fast allen Haltestellen bekommen die Anwohner mehr Sonnenstrahlen ab als der Durchschnitt. Dafür gibt es eine einfache Begründung: Je weniger Wolken, desto mehr Sonnenschein. Und Föhneffekte in den Alpen halten Wolken von München und Co. fern.

Auffällig ist der Knick zwischen Gotha und dem Main-Kinzig-Kreis. Dort müssen die Anwohner der Route mit

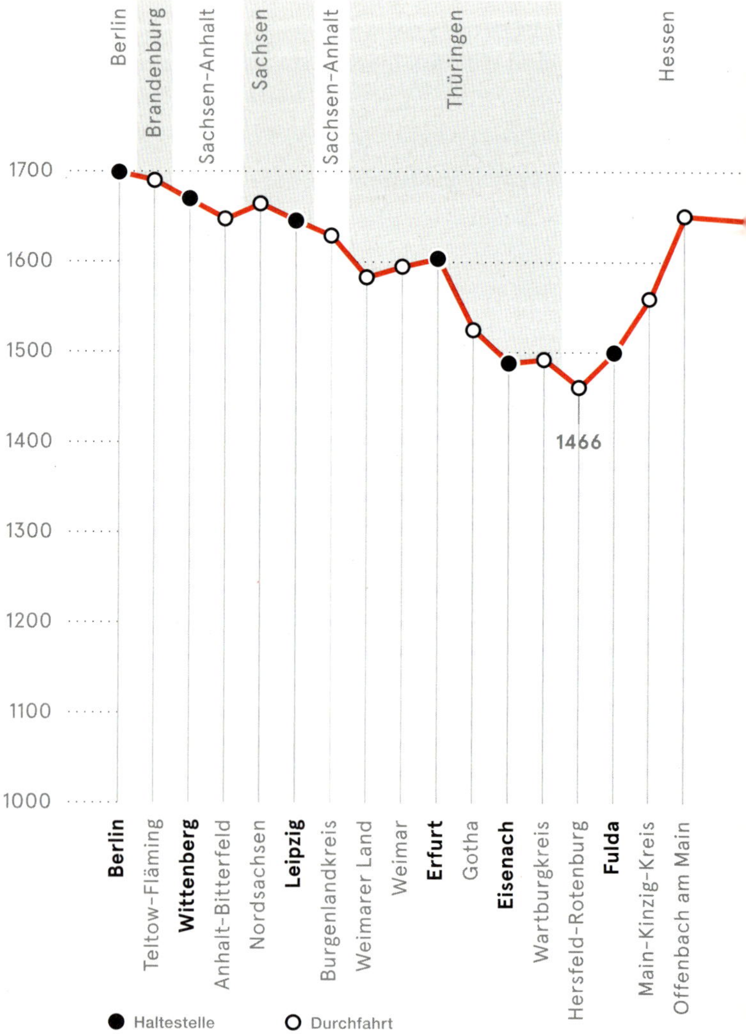
Berlin
Brandenburg
Sachsen-Anhalt
Sachsen
Sachsen-Anhalt
Thüringen
Hessen
1700
1600
1500
1400
1300
1200
1100
1000
1466
Berlin
Teltow-Fläming
Wittenberg
Anhalt-Bitterfeld
Nordsachsen
Leipzig
Burgenlandkreis
Weimarer Land
Weimar
Erfurt
Gotha
Eisenach
Wartburgkreis
Hersfeld-Rotenburg
Fulda
Main-Kinzig-Kreis
Offenbach am Main
Haltestelle
Durchfahrt

SONNENSCHEIN

in Stunden pro Jahr

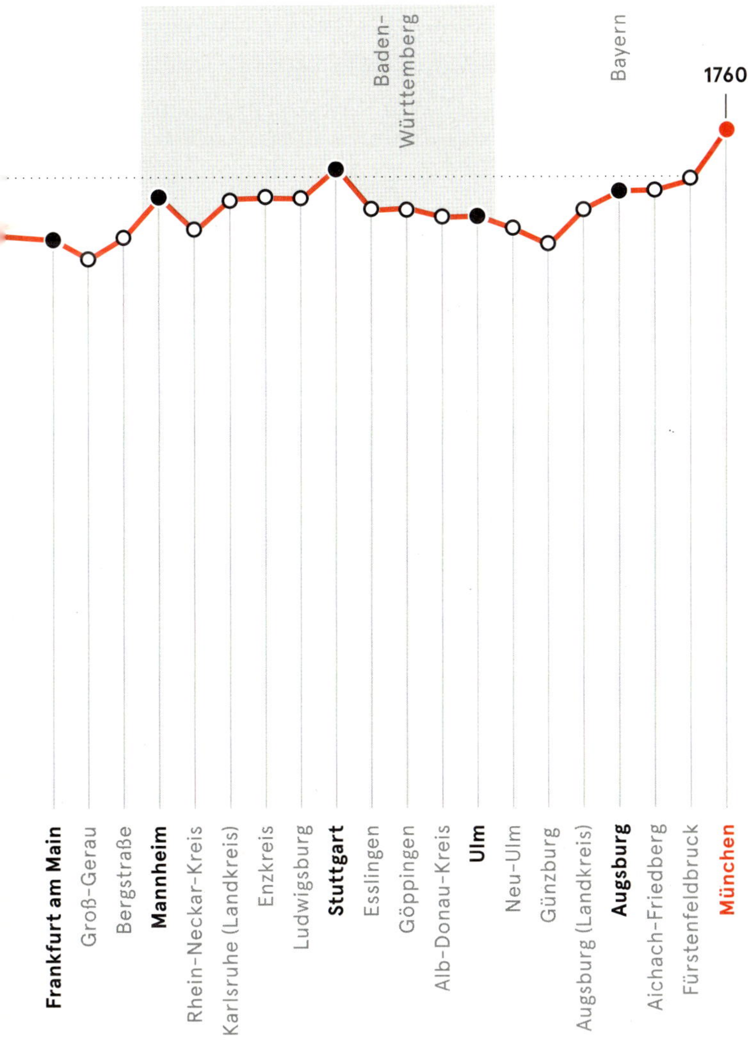

bis zu 300 Stunden weniger Sonne pro Jahr auskommen als Münchner. Laut Frank Kreienkamp vom Deutschen Wetterdienst liegt die Region in einer Staulage auf der Hauptwindseite der Gebirge. Es sei deshalb häufiger bewölkt, was folglich weniger Sonnenstunden mit sich bringe.

Leidtun kann einem eine Gemeinde abseits unserer Route: Melsbach in Rheinland-Pfalz ist mit nur 1352 Sonnenstunden pro Jahr der sonnenärmste Ort Deutschlands.

Ankunft

Suchende Blicke wandern durch die Menge: Es ist gar nicht so einfach, in diesem Getümmel jemanden abzuholen. Winkende Hände und gerufene Namen gehen schnell unter. Aber am Ende findet man sich; und egal, ob Helene-Fischer-Hörer oder Linke-Wählerin, ob Tüftlerin oder Biertrinker, ob Schulze oder Huber, Begrüßungsküsschen werden ausgetauscht, Menschen umarmen sich innig. Andere, Pendler vielleicht, hetzen mit ihrem Handy am Ohr schnell zu ihrem Anschlusszug oder zur S-Bahn. Endstation. Im leeren ICE hinter mir herrscht mit einem Mal Stille. Ohne die Menschen ist der Zug von einer Minute auf die andere nichts anderes mehr als eine längliche Maschine aus Blech.

Genau wie bei allen anderen Daten entlang der Strecke ist die nackte Statistik die eine Sache. Die konkreten Lebensumstände sind natürlich eine ganz andere. So unumstößlich die Daten wirken, so entlarvend sie manchmal erscheinen: Sie bilden am Ende immer nur einen Durchschnitt. Trotzdem – die Stärke von Daten ist gerade, dass es sich nicht um einzelne Anekdoten handelt, sondern klare Trends aufgezeigt werden. Und am Ende der Recherche und der Reise bin ich sehr überrascht, wie viel ich entlang der Strecke zusammentragen konnte, wie deutlich sich regionale Muster zeigen.

Allerdings, so amüsant die regionale Verteilung von Namen und Maultaschenrezepten auch ist: Die kaum bezahlbaren Mieten in den Städten oder die weit aufgehende

Gehaltsschere zwischen Männern und Frauen in Teilen des Landes stellen große Probleme dar. Deutschland gilt daher in der industrialisierten Welt als eines der Länder mit den größten Ungleichheiten. Das hat mich im Nachhall zu meiner Reise sehr nachdenklich gemacht.

Nach neun Stunden Fahrt kann ich mir jetzt aber erst einmal eine Auszeit gönnen. Der ICE «Regensburg» und seine Crew haben lediglich eine kurze Pause, denn bereits nach 15 Minuten fährt der Zug um 18:32 Uhr wieder zurück nach Frankfurt am Main und anschließend in die dortige Abstellanlage. Für die ganze Strecke zurück nach Berlin reicht an diesem Tag die Zeit nicht mehr. Auch darum mache ich mich erst am nächsten Tag auf den Rückweg, wenn ein anderer ICE um 6:29 Uhr mit Hunderten Fahrgästen und einer neuen Crew von München aus auf der Linie 11 in Richtung Berlin abfährt – und damit eine weitere Reise durch ein Land der Gegensätze beginnt.

ANHANG

Quellen

Berlin Hbf.

- Anteil weiblicher Einwohner an allen Einwohnern in Prozent, Quelle: Statistisches Bundesamt, Stand: 2017
- Anteil Einwohner von Berlin bzw. Hamburg, die nicht in der jeweiligen Stadt geboren sind, im Verhältnis zu allen Einwohnern in Prozent. Quelle: Amt für Statistik Berlin-Brandenburg, Statistisches Amt München, Stand: 2016
- Anteil der Ausländer an allen Einwohnern in Prozent, Quelle: BBSR/Fortschreibung des Bevölkerungsstandes des Bundes und der Länder, Stand: 2015
- Durchschnittsalter der Bevölkerung in Jahren: Quelle: BBSR/Fortschreibung des Bevölkerungsstandes des Bundes und der Länder, 2015
- Anteil ausländischer Gäste an allen Gästeübernachtungen in Prozent, Quelle: BBSR/Monatserhebung im Tourismus des Bundes und der Länder, Stand: 2015
- Anteil der Arbeitslosen an allen zivilen Erwerbspersonen in Prozent, Quelle: BBSR/Statistik der Bundesagentur für Arbeit, Stand: 2015
- Durchschnittliches Haushaltseinkommen in Euro je Einwohner, Quelle: BBSR/Volkswirtschaftliche Gesamtrechnung der Länder, Stand: 2015
- Anteil Einkommensmillionäre je 1000 Einwohner, Quelle: Lohn- und Einkommensteuerstatistik Amt für Statistik Berlin-Brandenburg, Statistisches Amt München, Stand: 2013
- Angemeldete Versammlungen je 1000 Einwohner, Quelle: Polizei Berlin, Polizei München, Stand: 2016
- Gemeldete Hunde je 1000 Einwohner, Quelle: Amt für Statistik Berlin-Brandenburg, Statistisches Amt München, Stand: 2015

Berlin Südkreuz

- Gemeldete Einwohner, Quelle: BBSR / Fortschreibung des Bevölkerungsstandes des Bundes und der Länder, Stand: 2011, 2015
- Netto-Kaltmiete pro Quadratmeter in Euro, Quelle: empirica-systeme, Stand: 2017

Teltow-Fläming

- Auf die Familiennamen Huber / Schulze / Baumgart gemeldete Telefonanschlüsse je 10000 Einwohner, Quelle: Das Telefonbuch (CD-ROM), Stand: 2005

Lutherstadt Wittenberg Hbf.

- Einwohner je Quadratkilometer, Quelle: BBSR / Fortschreibung des Bevölkerungsstandes des Bundes und der Länder, Stand: 2015
- Durchschnittliche Arztbesuche pro Person pro Jahr, Quelle: Organisation für wirtschaftliche Zusammenarbeit und Entwicklung, Stand: 2015
- Anzahl Einwohner je berufstätigen Arzt, BBSR / Ärzteregister der Kassenärztlichen Bundesvereinigung, Stand: 2014
- Gemeldete Krafträder über 50 Kubikzentimeter Hubraum je 1000 Einwohner, Quelle: Kraftfahrt-Bundesamt, Stand: 2017
- Anteil Einwohner (30–34 Jahre) an allen Einwohnern in Prozent, Quelle: Leibniz-Institut für Länderkunde, Nationalatlas aktuell, T. Leibert, Stand: 2017
- Durchschnittliches Alter beim Verlassen des Elternhauses in Jahren, Quelle: Statistisches Amt der Europäischen Union (Eurostat), Stand: 2016
- Anteil Zweitstimmen für Bündnis 90 / Die Grünen an allen Zweitstimmen bei der Bundestagswahl 2017 in Prozent, Quelle: Der Bundeswahlleiter, Wiesbaden, Stand: 2017

Anhalt-Bitterfeld

- Suchwort «Helene Fischer» in Relation zu allen Suchwörtern als Index, Quelle: Google News Lab / Google Trends, Stand: 2017

Leipzig Hbf.

- Anteil Olympiamedaillen-Gewinner je 1000 Einwohner, basierend auf Geburtsorten in der Liste der olympischen Medaillengewinner aus Deutschland, Quelle: Wikipedia, Stand: 2018

Burgenlandkreis

- Grippeschutz-Impfquote bei in gesetzlichen Krankenkassen Versicherten (über 60 Jahre) in Prozent, Quelle: Versorgungsatlas / Zentralinstitut für die kassenärztliche Versorgung, Stand: 2015
- Auf die Vornamen Ronny / Hans gemeldete Telefonanschlüsse je 10000 Einwohner, Quelle: Das Telefonbuch (CD-ROM), Stand: 2005
- Anteil Kinder unter drei Jahren in Kindertageseinrichtungen mit Ganztagsbetreuung an allen Kindern dieser Altersgruppe in Prozent, Quelle: BBSR / Kindertagesbetreuung in Tageseinrichtungen und in öffentlich geförderter Kindertagespflege, Stand: 2014

Weimarer Land

- Beliebteste Reiseländer je Bundesland, Quelle: TUI Deutschland, Stand: Sommer 2017
- Beliebteste Bundesländer als Reiseziel, Quelle: Reiseanalyse Forschungsgemeinschaft Urlaub und Reisen e. V. (FUR), Stand: 2017
- Suchwörter «Ostsee» / «Mallorca» in Relation zu allen Suchwörtern als Index, Quelle: Google News Lab / Google Trends, Stand: 2017
- Anteil deutscher Touristen auf Mallorca an allen Touristen (Einreise per Flugzeug) in Prozent, Quelle: Frontur, Stand: 2015

Weimar

- Anteil Mitglieder evangelischer und römisch-katholischer Kirchen an allen Einwohnern in Prozent – in den Stadt- und Landkreisen, Quelle: Statistisches Bundesamt, Zensus, Stand: 2011
- Anteil Mitglieder evangelischer und römisch-katholischer Kirchen an allen Einwohnern in Prozent – bundesweit, Quelle: Deutsche Bischofskonferenz / Evangelische Kirche in Deutschland (EKD), Stand: 2017
- Anteil Mitglieder evangelischer und römisch-katholischer Kirchen an allen Einwohnern in Prozent – historisch, Quelle: Statistische Jahrbücher für die Bundesrepublik Deutschland / Deutsche Demokratische Republik, Stand: 1949, 1989

Erfurt Hbf.

- Anteil weiblicher Lokführerinnen / Schaffnerinnen an allen Lokführern / Schaffnern im Fernverkehr in Prozent, Quelle: Deutsche Bahn, Stand: 2017
- Anteil weiblicher Pilotinnen an allen Piloten in der kommerziellen Luftfahrt in Prozent, Quelle: Luftfahrt-Bundesamt, Stand: 2016
- Gehaltsunterschiede zwischen Frauen und Männern je Land («Gender Pay Gap»), Quelle: EU-Kommission Justiz und Verbraucher, Stand: 2017
- Medianeinkommen der sozialversicherungspflichtig vollzeitbeschäftigten Frauen und Männer in Euro, Quelle: Bundesagentur für Arbeit, Stand: 2016

Gotha

- Häufigste private Versicherungsverträge in Deutschland, Quelle: Gesamtverband der Deutschen Versicherungswirtschaft, Stand: 2015
- Versicherungsverträge je Einwohner je Land, Quelle: Europäischer Versicherungsverband Insurance Europe, Stand: 2015

Eisenach

- Anteil Einwohner, die von LDEN-Lärmindex über 65 bzw. 75 dB(A) betroffen sind, an allen Einwohnern in Prozent, Quelle: Eisenbahn-Bundesamt, Stand: 2017
- Aktueller Stand Lärmsanierungsprogramm, Quelle: Deutsche Bahn, Stand: 2018

Wartburgkreis

- Anteil Haushalte mit Breitbandverfügbarkeit von mindestens 50 MBit/s an allen Haushalten in Prozent – je Stadt- und Landkreis, Quelle: Breitbandatlas BMVI / TÜV Rheinland, Stand: 2017
- Anteil Haushalte mit Breitbandverfügbarkeit von mindestens 50 MBit/s an allen Haushalten in Prozent – bundesweit, Quelle: BMVI, Stand: 2017
- Anteil verfügbarer Glasfaseranschlüsse je Haushalt in Prozent, Quelle: Bertelsmann Stiftung und Fraunhofer-Institut für System- und Innovationsforschung, Stand: 2017

Hersfeld-Rotenburg

- Anteil Zweitstimmen für Die Linke an allen Zweitstimmen bei der Bundestagswahl 2017 in Prozent, Quelle: Der Bundeswahlleiter, Wiesbaden, Stand: 2017

Fulda Hbf.

- Aldi-Filialen, Quelle: Filialsuche Aldi Nord / Aldi Süd, Stand: 2018
- Flächennutzung in den Bundesländern, Quelle: Bundesamt für Statistik, Stand: 2015
- Schweinebestände in den Bundesländern, Quelle: Bundesamt für Statistik, Stand: 2017
- Weltmarktführer, Quelle: Leibniz-Institut für Länderkunde / Weissman-Gruppe, Stand: 2011

- Angezeigte Fahrraddiebstähle, Quelle: Polizeiliche Kriminalstatistik / Bundeskriminalamt, Stand: 2016
- Kommunale Schulden, Quelle: Volkswirtschaftliche Gesamtrechnung, Stand: 2015

Main-Kinzig-Kreis

- Bierkonsum in Litern, Portionen Chili con Carne, Quelle: Deutsche Bahn, Stand: 2017
- Bierkonsum in Litern pro Einwohner, Quelle: The Brewers of Europe, Stand: 2017
- Weinverbrauch pro Einwohner ab 16 Jahren, Quelle: Organisation für Rebe und Wein (OIV), Stand: 2015
- Sortimentskaufkraft für Wein und Bier als Index, Quelle: GfK, Stand: 2017

Offenbach am Main

- Anteil der Ausländer an allen Einwohnern in Prozent, Quelle: BBSR / Fortschreibung des Bevölkerungsstandes des Bundes und der Länder, Stand: 2015
- Anteil ausländischer Einwohner nach Herkunftsland an allen Ausländern, Quelle: Statistisches Jahrbuch Offenbach am Main, Stand: 2015

Frankfurt am Main Hbf.

- Verkaufszahlen Tageszeitungen in Deutschland, Quelle: Informationsgemeinschaft zur Feststellung der Verbreitung von Werbeträgern (IVW), Stand: 2017
- Verkaufte Exemplare pro 100 deutsche Einwohner, Quelle: IVW-VA Tageszeitungen / Meedia, Stand: 2015

Bergstraße

- Spezifische Energieverbräuche nach Betriebsarten, Zuggattungen und Streckenhöchstgeschwindigkeiten, Quelle: Grundlagenbericht zum Umwelt Mobil Check Deutsche Bahn, Stand: 2016
- Installierte Leistung von Windkraftanlagen je Bundesland in Kilowatt, Quelle: Bundesverband Windenergie, Stand: 2016
- Installierte Leistung von Windkraftanlagen je Megawatt pro Einwohner (umgerechnet auf Kreise), Quelle: BBSR / Betreiber-Datenbasis, Stand: 2017
- Strommix in Deutschland nach Energiearten in Prozent, Quelle: Arbeitsgemeinschaft Energiebilanzen e. V., Stand: 2016
- Bahn-Strommix nach Energiearten in Prozent, Quelle: Deutsche Bahn Geschäftsbericht, Stand: 2016

Mannheim Hbf.

- Anzahl Straßen und Plätze mit bestimmten Wörtern wie «Römer» oder «Schiller» im Namen, Quelle: Zeit Online / OpenStreetMap-Mitwirkende, Stand: 2017

Landkreis Karlsruhe

- Anteil der Deutschen, die Dialekt sprechen, Quelle: Institut für Deutsche Sprache, Stand: 2009
- Anteil «quatschen» / «schwätzen» an allen genannten Wörtern, die die Umfrageteilnehmer nutzen, wenn sie neutral über Alltägliches reden, in Prozent, Quelle: «Grüezi, Moin, Servus!» / Rowohlt, Stand: 2017

Enzkreis

- Anteil der Arbeitslosen an allen zivilen Erwerbspersonen in Prozent, Quelle: BBSR / Statistik der Bundesagentur für Arbeit, Stand: 2015

- Anteil sozialversicherungspflichtig Beschäftigter mit Berufen mit einem Substituierbarkeitspotenzial von mehr als 70 Prozent an allen sozialversicherungspflichtig Beschäftigten in Prozent, Quelle: Institut für Arbeitsmarkt- und Berufsforschung, Stand: 2016

Stuttgart Hbf.

- Pkw mit offenem Aufbau im Verhältnis zu allen gemeldeten Pkw in Prozent. Quelle: Kraftfahrt-Bundesamt, 2017

Göppingen

- Anteil pünktlicher Abfahrten im Fernverkehr (weniger als sechs Minuten Verspätung) an allen Abfahrten, Quelle: Deutsche Bahn, Stand: 2017
- Durchschnittliche Regenmenge in Litern pro Quadratmeter, Quelle: Deutscher Wetterdienst, Stand: 1981–2010

Alb-Donau-Kreis

- Anzahl der Orte mit der Endung «ingen», Quelle: «-ach, -ingen, -zell» / Moritz Stefaner, Stand: 2016

Ulm Hbf.

- Anzahl Patentanmeldungen pro 1000 Einwohner, Quelle: Deutsches Patent- und Markenamt, Stand: 2002–2017
- Anzahl Patentanmeldungen je Land, Quelle: World Intellectual Property Study, Stand: 2017

Augsburg (Landkreis)

- Suchwörter «Weißwurst» / «Maultaschen» in Relation zu allen Suchwörtern als Index, Quelle: Google News Lab / Google Trends, Stand: 2017

Augsburg Hbf.

- Angezeigte Taschen- und Gepäckdiebstähle auf Bahnhöfen und in Zügen, Quelle: Bundespolizei, Stand: 2016
- Angezeigte Taschendiebstähle je 100 000 Einwohner, Quelle: Polizeiliche Kriminalstatistik / Bundeskriminalamt, Stand: 2016

Aichach-Friedberg

- Pendlerverflechtungen der sozialversicherungspflichtig Beschäftigten, BBSR / Bundesagentur für Arbeit, Stand: 2016
- Erwerbstätige nach Stellung im Beruf, Entfernung, Zeitaufwand und benutztem Verkehrsmittel für den Hinweg zur Arbeitsstätte, Quelle: Statistisches Bundesamt, Stand: 2016

München Pasing

- Anteil Fanclubs des FC Bayern München an allen Einwohnern, Quelle: fcbayern.de, Stand: 2017
- Mitgliederzahlen der Spitzenverbände, Quelle: Bestandserhebung Deutscher Olympischer Sportbund, Stand: 2017

München Hbf.

- Häufigste Gegenstände in der Fundbüro-Datenbank, Quelle: Deutsche Bahn, Stand: 2017
- Durchschnittliche Sonnenscheindauer in Stunden, Quelle: Deutscher Wetterdienst, Stand: 1981–2010

Methodik

Bei der ICE-Linie 11 handelt es sich um eine alle zwei Stunden mit gleichen Fahr- und Haltezeiten regelmäßig bediente Fernverkehrsroute. Am Tagesrand und an Wochenenden werden von einigen Zügen nur Teilabschnitte oder manchmal auch Umwege aufgrund von Baustellen gefahren. In seltenen Fällen führt die Linie nach Berlin sogar noch weiter bis Hamburg. Aber mit Abstand am häufigsten fahren die Züge auf dieser Linie von Berlin nach München und zurück. Der Auswertung liegt der exakte Streckenverlauf einer Berlin-München-Fahrt von Mitte Dezember 2017 zugrunde.

Die Herausforderung bei diesem Buch bestand insbesondere darin, die gewonnenen Daten entlang der Bahnlinie mit einer guten Mischung aus Detailgrad und Übersichtlichkeit zu zeigen. Zwar gibt es für manche Merkmale noch detaillierte Daten etwa auf Gemeindeebene, allerdings nicht für alle. Daten lediglich für die 16 Bundesländer wären hingegen deutlich zu ungenau. Daher werden sie in diesem Buch auf der Ebene der 401 Landkreise und kreisfreien Städte abgebildet. Ich verwende immer die aktuellsten verfügbaren Daten, bei älteren Zahlen weise ich auf das Datum hin.

Um zu untersuchen, welche Daten an welcher Haltestelle oder welchem durchfahrenen Landkreis genau zutreffen, habe ich geprüft, welche Regionen die Bahnlinie schneidet. Dabei gilt: Der Zug muss mindestens zehn Kilometer durch einen Landkreis fahren oder mindestens fünf Kilometer durch eine Stadt.

Beachten Sie auch, dass die verschiedenen Grafiken nicht direkt miteinander vergleichbar sind, da unterschiedliche Einheiten auf den Y-Achsen der Liniendiagramme angezeigt werden. Diese beginnen außerdem nicht immer bei 0, um die Unterschiede besser herauszuheben. Bei den Karteneinfärbungen gilt: Je dunkler eine Region, desto höher der Wert. Bei beiden Grafiken werden die niedrigsten und höchsten Werte sowie der aktuelle Standort markiert.

Haben Sie Lob, Kritik, Anmerkungen, oder haben Sie einen Fehler entdeckt? Ich freue mich über Ihre Mail an:

mail@1000kilometerdeutschland.de

Danksagung

Ich möchte mich vor allem bei meinen Eltern, Margarete und Christhardt Tröger, und bei meiner Frau Albina bedanken, die mich über die vielen Monate so sehr unterstützt haben. Bedanken möchte ich mich auch bei meinen Lektoren Clara Polley und Christian Wöllecke sowie bei Ole Häntzschel für die Grafiken und Anja Sicka für die Gestaltung. Außerdem geht ein großes Dankeschön an Markus Grahnert, Marie-Louise Timcke, André Pätzold, David Wendler, Moritz Klack, Christopher Möller, erdgeist, Adrian Leemann, Petra Reinhard-Hauck und Peter Hauck, Michael Wilsdorf, Jörg Pfeiffer, Holger Zschäpitz, Uta Keseling, Judith Luig, Daniel Primke, Steffen Tiedt und an alle Pressesprecher, Experten und Wissenschaftler – insbesondere vom BBSR.

FSC
www.fsc.org
MIX
Papier aus verantwortungsvollen Quellen
FSC® C083411

Das für dieses Buch verwendete Papier ist FSC®-zertifiziert.